全球海洋渔业资源可持续利用及脆弱性评价

陈新军　丁　琪　著

科学出版社

北　京

内 容 简 介

本书以可持续发展为理念，以渔业资源经济学为理论，构建基于渔获统计的渔业资源可持续利用评价体系。首先利用全球几十年的生产统计数据，评价世界各渔区和沿海国家海洋渔业资源开发利用现状，核算过度捕捞造成的产量和经济损失；接着探讨社会经济因素和气候变化对海洋渔业资源开发利用的影响，为渔业管理者宏观把握全球渔业资源开发状态和科学管理渔业资源提供依据；最后运用脆弱性评价框架，在全球范围内首次系统地评估海洋渔业面对气候冲击时各国的粮食安全脆弱性，为国家层面的政策响应和适应性管理策略提供指导。

本书可供资源环境、粮食安全、海洋生物、水产和渔业研究等专业的科研人员，高等院校师生及从事相关专业生产、管理的工作人员使用和阅读。

审图号：GS(2018)3205 号

图书在版编目(CIP)数据

全球海洋渔业资源可持续利用及脆弱性评价 / 陈新军，丁琪著. — 北京：科学出版社，2018.11

ISBN 978-7-03-059082-4

Ⅰ.①全… Ⅱ.①陈… ②丁… Ⅲ.①海洋渔业–水产资源–可持续性发展–研究–世界 Ⅳ.①F316.4

中国版本图书馆 CIP 数据核字（2018）第 235359 号

责任编辑：韩卫军 / 责任校对：彭 映
责任印制：罗 科 / 封面设计：墨创文化

科学出版社 出版

北京东黄城根北街16号
邮政编码：100717
http://www.sciencep.com

四川煤田地质制图印刷厂印刷
科学出版社发行 各地新华书店经销

*

2018 年 11 月第 一 版 开本：720×1000 B5
2018 年 11 月第一次印刷 印张：7
字数：140 千字
定价：65.00 元

（如有印装质量问题，我社负责调换）

前　言

　　海洋渔业资源作为自然资源的重要组成部分,其在全球粮食安全、经济和社会发展方面发挥着至关重要的作用。海洋渔业每年为人类提供约 8000×10^4 t 水产品,并为 2.6 亿人提供全职或兼职就业机会。随着科学技术的提高和市场需求的不断扩大,海洋渔业在过去的 60 年内快速发展,高捕捞强度导致目前全球 1/3 的鱼类种群处于过度开发或衰退状态。全球范围内渔业资源的持续衰退预示着海洋生态系统正面临严峻的考验,为了使海洋渔业资源能够为不断增长的世界人口持续地在营养、经济和社会利益等方面做出贡献,其可持续利用及其评价在全球范围内引起了广泛重视。

　　本书根据 1950~2010 年的全球渔获生产统计数据,结合鱼种的营养级,综合分析和评价世界各渔区和沿海国家海洋渔业资源的势态和现状,并探讨渔获物平均营养级(MTL)的潜在变化机制;根据渔获物价格数据,通过分析最大可持续产量(MSY)与实际捕捞量来核算过度捕捞造成的全球海洋捕捞量和经济效益的损失;同时,将渔业资源开发与社会、经济和环境因素联系起来,探讨经济发展和人口增长对海洋生态系统可持续性的影响,以及气候变化下世界各国海洋渔业的脆弱性,为渔业管理者宏观把握全球海洋渔业资源开发状态提供依据。

　　本专著共分 7 章。第 1 章总结分析全球海洋渔业概况以及渔业资源可持续利用评价的研究现状和存在的问题,并对研究内容和体系作简要论述。第 2 章综合分析和评价 1950~2010 年各渔区渔获组成与生物多样性指标 MTL、FiB 等变化情况,通过分析各渔区群落营养结构组成变化趋势,对 MTL 的变化机制进行探讨,进而对太平洋、大西洋、印度洋渔业资源的态势和现状作出评价。第 3 章对 1950~2010 年全球三大洋各沿海国家渔获物平均营养级变化情况进行分析,观察发生"捕捞降低海洋食物网"现象的国家,并对引起 MTL 下降的四种假说进行探讨,为渔业管理者宏观把握渔业资源开发状态提供依据。第 4 章对过度捕捞造成的世界各渔区捕捞量和经济效益损失进行核算,同时进一步核算过度捕捞造成的生态系统不同群落结构组成的经济损失,从而全面掌握各渔区不同渔业资源的开发状况。第 5 章选取渔获物平均营养级、所需生产力占总生产力的比例%PPR(PPR/PP)和 L 指数作为衡量渔业资源可持续开发的生态指标,探讨经济增长对海洋渔业资源开发利用的影响。第 6 章运用脆弱性评价框架,在全球范围内首次系统地评估海洋渔业面对气候冲击时各国的粮食安全脆弱性，旨在获得最需要采取干预措施的区域，以及了解脆弱性的驱动因素。第 7 章主要为结论与展望。

本书系统性强，是对渔业资源评估理论和方法的总结，可供水产界和海洋生物界等相关领域的科研、教学等科技工作者、研究单位和管理者使用，是一本很好的参考书。

本专著得到"双一流"学科（水产）、上海市高峰学科计划 II 类（水产学）以及农业部科研杰出人才及其创新团队——大洋性鱿鱼资源可持续开发等专项的资助。

由于时间仓促，覆盖内容广，国内缺乏同类参考资料，因此本书难免会存在一些不足之处，望各读者提出批评和指正。

陈新军

2018 年 6 月 10 日

目　　录

第1章 绪 论

1.1 研究目的和意义

海洋渔业是世界各地亿万民众重要的食物、营养、收入和生计来源(Smith et al.，2010；Ye et al.，2013)，但过度捕捞导致渔业资源的衰退、生物多样性的降低和生态系统结构和功能的破坏，对海洋生态系统产生了巨大的影响(Froese et al.，2009；Hutchings et al.，2000；Butchart et al.，2010；Srinivasan et al.，2012；Sumaila et al.，2012)。全球海洋渔业自第二次世界大战后进入加速发展阶段，全球海洋捕捞量逐年上升，并在 1996 年达到历史最高值 8695×10^4 t；之后呈现总体下降趋势，2014 年的捕捞量为 8150×10^4 t(FAO，2016)。人口增长、收入提高和城市化发展导致对水产品的需求量日益增加，世界人均年水产品消费量从 20 世纪 60 年代的 9.9kg 上升至 2013 年的 19.7kg(FAO，2016)。海洋渔业也为人类提供了重要的就业和收入来源，特别是在发展中国家，其为 2.6 亿人提供了全职或兼职就业机会，这其中的大部分人属于从事小规模渔业的渔民(Teh 和 Sumaila，2013)；同时也为全球经济带来每年 800 亿～850 亿美元的收入(Sumaila et al.，2011)。全球海洋捕捞量的下降可能会产生严重的生态和社会经济影响(Balmford et al.，2002；Mora et al.，2009)，但有效的渔业管理能够恢复衰退的资源且促使渔业资源可持续开发利用(Hilborn，2010；Daan et al.，2011)。

渔业资源可持续利用评价作为目前世界海洋渔业研究的前沿和热点问题，国内外学者已用生物经济模型(Gordon，1953，1954；Chernozhukov 和 Hong，2003；Domíguez-Torreiro 和 Surís-Regueiro，2007；Das et al.，2009；刘金立，2014)、可持续利用评价指标体系(陈新军，2004；Tesfamichael 和 Pitcher，2006；Utne，2007；Cissé et al.，2014)、渔业资源核算(Beaumont et al.，2007；Butler et al.，2009；Seung 和 Waters，2009；王雅丽，2012)等方法对渔业资源开发状态做出了评价，这为渔业管理者宏观把握渔业资源开发状态提供了科学依据。根据目前国内外的研究分析，大多数的研究都不是建立在生态系统这一理念基础上的，作为可再生的渔业资源，忽视生态系统将不利于渔业管理者宏观把握海洋生态系统的稳定以及渔业资源的可持续利用(Hall 和 Mainprize，

2004；Pikitch et al.，2004)。营养动力学研究对基于生态系统的渔业管理和生物多样性保护至关重要，渔获物平均营养级(mean trophic level of fisheries landings，MTL)能够快速、简便地反映捕捞活动下生态系统的变化情况，能够为渔业管理者宏观把握渔业资源开发状态提供科学依据(Foley，2013)。但是，必须将 MTL 的波动与其变化机制综合分析才能正确地评价捕捞活动对海洋生态系统的影响(Foley，2013)，而在目前研究中往往忽视了 MTL 的变化机制。

　　人类对自然环境的影响受社会经济因素驱使，社会经济因素会导致不同经济水平国家的渔业资源呈现出完全不同的开发现状，掌握非生物因素的影响对于渔业资源的可持续利用至关重要(Balmford 和 Cowling，2006)。此外，过度捕捞、生境退化、污染等因素导致目前全球海洋渔业经济损失持续增加(Jackson et al.，2001；Halpern et al.，2008，2012)。除上述因素外，气候变化使得全球海洋渔业所面临的威胁变得更加复杂化，并被视为海洋生态系统的最大长期威胁(Brander，2007；Johnson 和 Welch，2010；Sumaila et al.，2011)。

　　为此，本书以可持续发展为理念，以渔业资源经济学为理论，构建基于渔获统计的渔业资源可持续利用评价体系，利用全球几十年的生产统计数据，评价世界各海区和沿海国家海洋渔业资源开发利用现状，核算过度捕捞造成的产量和经济损失，并进一步探讨社会经济因素和气候变化对海洋渔业资源开发利用的影响，为渔业管理者宏观把握全球渔业资源开发状态和科学管理渔业资源提供依据。

1.2　国内外研究现状

1.2.1　全球海洋渔业概况

　　作为自然资源的重要组成部分，海洋渔业不仅为人类提供直接的食物来源，同时也是重要的就业市场和收入来源，它为数以千万的人提供就业机会，并为亿万人的生计提供支持(FAO，2016)。确保海洋渔业的可持续开发利用不仅具有重要的政治社会意义，而且具有重要的经济和生态意义。海洋渔业在过去 60 多年内经历了两个快速发展阶段，分别为 20 世纪 50 年代后期至 20 世纪 60 年代和1983~1989 年。第一个加速发展阶段得益于渔船数量的迅速增长、捕捞技术的提高以及沿海国管辖范围扩张至 12n mile；第二个加速发展阶段则伴随专属经济区(exclusive economic zones，EEZs)的建立，沿海国的管辖范围由 12n mile 扩张至200n mile(Sanchirico 和 Wilen，2007；FAO，2011)。全球海洋捕捞量自 1950 年的 1760×10⁴ t 逐步上升至 1996 年的 8695×10⁴ t；之后，小幅下降并在 8000×10⁴ t 左右波动，2014 年全球海洋捕捞量为 8150×10⁴ t(图 1-1)。根据 2014 年联合国粮农组织(Food and Agriculture Organization of the United Nations，FAO)的渔业生产统计，在全球渔区中，西北太平洋海域的产量最高，达到 2197×10⁴ t(约占全球海洋捕捞量的 27%)；之后是中西太平洋、东北大西洋和东印度洋，分别为 1282×10⁴ t、865×10⁴ t 和 805×10⁴ t；而地中海和黑海、西南太平洋、北极和南极区域的产量较低，仅分别为 111×10⁴ t、54×10⁴ t 和 31×10⁴ t(表 1-1)。

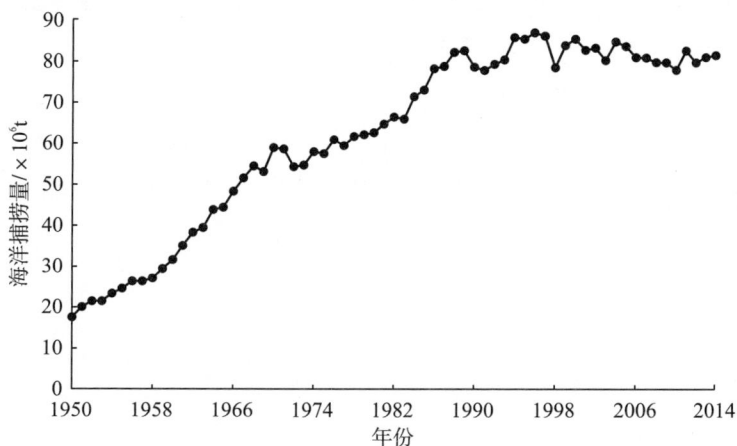

图 1-1　1950～2014 年全球海洋捕捞量的变化趋势

表 1-1　世界各渔区 2014 年海洋捕捞产量

渔区编码	渔区	捕捞量/×10⁴t
21	西北大西洋	184
27	东北大西洋	865
31	中西大西洋	119
34	中东大西洋	442
37	地中海和黑海	111
41	西南大西洋	242
47	东南大西洋	157
51	西印度洋	470
57	东印度洋	805
61	西北太平洋	2197
67	东北太平洋	315
71	中西太平洋	1282
77	中东太平洋	191
81	西南太平洋	54
87	东南太平洋	689
18，48，58，88	北极和南极区域	31

　　捕捞技术的提高和作业海域的大幅扩张在相当长的一段时间内掩盖了全球渔业资源的衰退(Pauly，2008)。渔业在地理上的持续扩张使全球海洋捕捞量不断上升，作业海域由北大西洋和北太平洋沿岸水域逐步向南半球和公海扩张(Swartz et al.，2010)。随着沿岸水域渔业资源的衰退、市场需求的增加和捕捞技术的发展，渔业开发逐步向深海扩张，且该地理扩张进程目前已达到最大值(Morato et al.，2006)。捕捞船队能力过剩和渔业资源的过度开发造成全球渔业出现极大的经济损失，但全球捕捞强度和渔民数量仍在持续上升(FAO，2016)。2014年全球渔船总数量约为460万艘(图1-2)，亚洲的船队数量最多，为350万艘，占全球船队总数的75%；之后是非洲(其比例占近15%)、拉丁美洲和加勒比区域(6%)、北美洲(2%)和欧洲(2%)(FAO，2016)。全球数千万人将渔业作为收入和生计的来源，2014年从事渔业捕捞的人数约为3790万(表1-2)。全球人口中从事渔业的有78%分布在亚洲，之后是非洲(约14%)以及拉丁美洲和加勒比区域(约5%)。

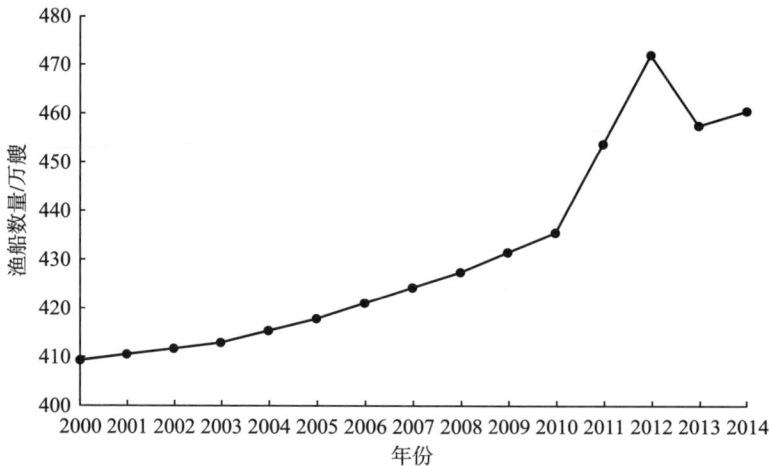

图 1-2　2000~2014 年全球渔船数量

表 1-2　全球从事捕捞渔业的人数　　　　　　　　　　(单位：千人)

区域	1995 年	2000 年	2005 年	2010 年	2011 年	2012 年	2013 年	2014 年
非洲	2327	4084	4290	4796	4993	5587	5730	5390
亚洲	23534	27435	29296	31430	30553	30865	29564	29698
欧洲	474	676	614	560	553	544	228	347
拉美及加勒比	1348	1560	1668	1937	1966	1982	2083	2088
北美洲	376	340	319	315	315	314	316	316
大洋洲	117	121	117	119	122	121	42	40
全球	28174	34213	36303	39155	38499	39411	37962	37879

　　根据联合国粮食及农业组织对已评估种群的分析，在 2013 年评估的全部种群中，58.1％为已充分开发，10.5％为未充分开发，约 31.4％的种群处于生物学不可持续状态，即资源遭到过度捕捞(FAO，2016)。未充分开发的种群比例在 1974～2013 年持续降低，而已充分开发的种群比例在 1974～1989 年稳定下降，之后逐步上升至 2013 年的 58.1％；过度捕捞的种群比例呈逐步上升趋势，尤其是在 20 世纪 70 年代末和 80 年代，从 1974 年的 10％上升至 1989 年的 26％，并自 20 世纪 90 年代后以较缓的速度继续增加，2013 年达到 31.4％(FAO，2016)。2013 年，产量最高的 10 个物种在全球海洋捕捞量中的产量比例约为 27％，但多数种群均已被充分开发，不再具备增产潜力，而其余种群遭到过度捕捞，只有在种群得到有效恢复的前提下才有增加产量的可能性(FAO，2016)。

　　鱼类是动物蛋白的最重要来源之一，世界人均年水产品消费量自 20 世纪 60 年代开始持续增加(图 1-3)。2013 年，水产品在全球人口动物蛋白摄入量中占比约 17％，在所有蛋白质总摄入量中占比 6.7％。此外，对 31 亿多人口而言，水产品在其人均动物蛋白日摄入量中所占比例高达 20％，且在很多最不发达国家中，水产品在其人口的动物蛋白摄入量中的比例超过 50％(FAO，2016)。近年来，鱼类在全球粮食和营养安全中发挥的重要作用受到越来越多的关注(Kawarazuka 和 Béné，2011；Rice 和 Garcia，2011；Hall et al.，2013；FAO，2016)。鱼类是人们获取高质量蛋白质、维生素和微量元素的重要来源，2014 年全球捕捞渔业总产量为 9340×10^4 t，其中 8150×10^4 t 来自海洋水域，海洋渔业在世界粮食和营养安全中正在发挥并将继续发挥重要作用。此外，海洋渔业同时也是重要的收入和就业来源，特别是在发展中国家。渔业收入作为农村可持续生计的重要来源，从而间接地为实现粮食和营养安全做出贡献。

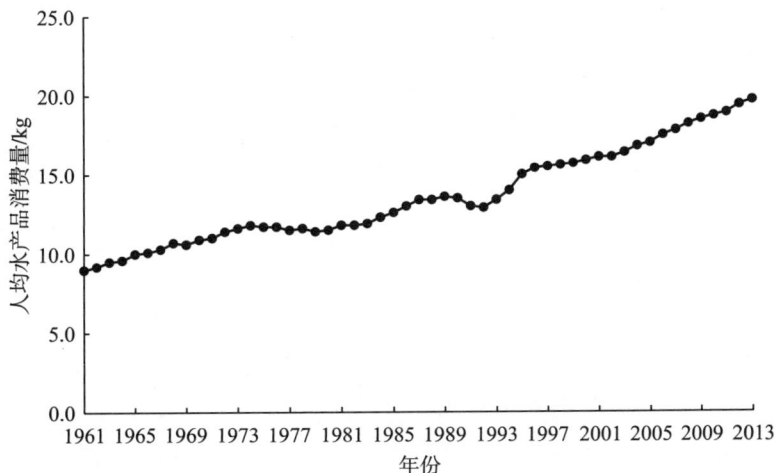

图 1-3　1961～2013 年世界人均水产品消费量

全球范围内渔业资源的持续衰退暗示海洋生态系统正面临严峻的考验，海洋渔业资源的衰退可能会产生严重的生态和社会经济影响(Balmford et al.，2002；Mora et al.，2009)。为了使渔业资源对不断增长的世界人口的营养、经济和社会利益持续地做出贡献，渔业资源可持续利用评价在全球范围内引起了广泛重视(陈新军，2004；Jennings，2005；Watson et al.，2013)。

1.2.2　渔业资源可持续利用评价研究现状

世界环境与发展委员会于 1987 年将可持续发展概念列入国际议程，各国政府于 1992 年在联合国环境与发展大会上确认可持续发展概念是一项国际重点活动，并制定了《21 世纪议程》，号召全球各国、国际组织和非政府组织建立和运用可持续发展指标体系。渔业资源可持续利用是渔业可持续发展的基础。渔业资源可持续利用是指在不损及后代人满足其需求的渔业资源基础的前提下，来满足当代人对水产品需要的资源利用方式(陈新军，2004)。渔业目前已成为世界食品产业中发展迅猛的一个门类，许多国家力图抓住新的机遇，在国际鱼类和水产品需求不断增长的形势下，投资组建现代化的捕捞船队和加工设施。但事实证明，渔业资源无法承受开发程度的无节制增长，很多重要的鱼类资源被过度开发，生态系统结构和功能发生变化，渔业遭受了重大的经济损失，世界人口的营养、经济和社会利益面临严重威胁。由于海洋捕捞渔业不可持续开发的问题十分紧迫，因此开展海洋渔业资源可持续利用评价研究具有重要意义。

1.2.2.1　渔业生物经济模型

渔业资源评估是运用各种方法和手段对渔业资源进行的估算，目前较为普遍的是运用数学模型对种群数量进行分析。由于渔业资源可持续利用是一个包括资源环境、经济和社会等多方面的复杂系统，因此渔业资源评估模型由纯生物模型(如 Schaefer 模型、Fox 模型、Ricker 模型、Beverton-Holt 模型等)逐步演变为复杂动态的生物经济模型。此外，在渔业资源生物经济模型的构建过程中，考虑的动态参数也逐渐增加，如社会经济因素(Pezzey et al.，2000；Kulmala et al.，2007)、多鱼种多船队(Seijo et al.，1998；Ulrich et al.，2002)等。自 20 世纪 90 年代以来，国际社会对渔业可持续利用这一重大课题进行了深入而广泛的研究。联合国粮农组织是开展渔业资源可持续利用研究较为全面和权威的国际机构，在渔业资源生物经济模型、渔业可持续发展指标体系、渔业资源核算等方面均进行了探索和研究。在渔业资源生物经济模型方面。联合国粮农组织先后编制了一系列生物经济模型，如 BEAM1 (Biology and Economic Analysis Model 1)、

BEAM2、BEAM3、BEAM4 和 BEAM5；之后又开发了涵盖生物、生态、经济、就业等多目标的渔业资源动态评估模型，并初步运用到渔业资源评估上，取得了较好的效果。

渔业资源生物经济模型是渔业资源可持续利用传统评价方法的一个重要内容，但是这些模型关系复杂且需要大量的数据，其计算过程通常也较为烦琐。此外，渔业资源可持续利用评价不仅涉及生物学方面，而且涉及社会和经济方面，因此不同国家或海域采用何种生物经济决策模型，应该因地制宜（陈新军，2004）。为了追踪渔业资源可持续利用的整个发展趋势，在有限的数据下，建立一种简单实用的方法来追踪渔业资源可持续利用系统的发展状况，是一个迫切需要解决的问题。

1.2.2.2　渔业资源可持续利用评价模式

可持续利用评价指标可以揭示和监测渔业发展的现状和趋势，同时也可以监测渔业的可持续性和渔业发展政策以及管理效果。目前国际上可持续发展评价的模式大致分为三类：货币评价模式、综合指标体系评价法和生物物理量评价模式（陈新军，2004）。货币评价模式的核心思想是将资源存量或人类活动造成的资源消耗和环境损失用经济价值量进行计量，运用效益－费用分析方法决定资源的配置，并评价人类活动的实际效果。若随时间的推移，人类福利不下降，则发展是可持续的。货币评价模式比较客观且通用性较好，但也存在局限性，主要表现在许多环境的和其他非经济的因素难以定价，人类活动间的相互作用以及人类与环境间相互作用的结果难以描述，不能满足以强可持续性为基础的渔业资源可持续利用评价。

综合指标体系评价法是以系统理论和方法为指导，通过建立一套多维多层次的指标体系，从社会、经济、资源、环境等不同方面来衡量其可持续性，对发展的多个截面进行评价。目前海洋渔业资源可持续利用综合指标体系评价主要有 5 种：FAO 对可持续发展的定义、负责任渔业行为准则模式、可持续发展总框架、压力－状态－响应可持续发展模式、生态可持续发展模式（陈新军，2004）。综合指标体系评价法的优点在于可以根据已有的数据进行包括经济、社会、资源、环境、人口等多方面综合结果的评价，建立总的无量纲指标，避免了不同因素间的量化问题，但评价指标体系结构较为复杂，易出现指标信息覆盖不全或指标信息重叠等问题，且没有统一的评价标准，指标较多，对一些基础资源的收集（如资源量等）存在一定的困难。

生物物理量评价模式从生态学角度对可持续发展进行评价，这对于以强可持续性为基础的渔业资源可持续利用评价具有一定的可行性。目前已经提出了一些具体的生物物理量评价指标，如初级生产力（primary production，PP）、渔获物平均营养级、生态足迹等。在众多生物物理量衡量指标中，渔获物平均营养级在渔业资源可持续利用评价中应用最为广泛（Fulton et al.，2005；Shannon et al.，2009；Shin et al.，2010a，2010b；丁琪等，2015，2016）。在生态系统研究中，对渔获物的调查是研究鱼类群落的主要途径，渔获物平均营养级能够快速、简便地反映捕捞活动下生态系统内群落格局的变动，从而判断人类捕捞行为对海洋生态系统的影响。

1.2.3 渔获物平均营养级在渔业可持续性评价中的应用

1.2.3.1 渔获物平均营养级的概念

渔获物平均营养级概念由 Pauly 等（1998）提出，渔获物营养级水平的变化能够反映出捕捞活动下群落结构的变化，对了解海洋生态系统结构与功能的变化具有重要指示意义，因此被广泛应用在渔业管理中，用于评估捕捞影响、管理有效性以及指导未来渔业政策的制定。根据联合国粮食及农业组织（FAO）提供的渔获统计数据，Pauly 等（1998）研究发现，全球 MTL 以 0.1/10 年的速度下降。基于种群的上岸渔获量与生态系统中的资源量相关的假设，Pauly 等（1998）认为 MTL 的下降表明捕捞使生态系统中食物网的营养级下降，并提出著名的"捕捞降低海洋食物网"（fishing down marine food webs）观点，即渔获物从长寿命、高营养级的底层食鱼种类逐步向短寿命、低营养级的中上层、无脊椎动物种类转变，生态系统的生物多样性下降，渔业开发方式呈不可持续性。Pauly 等（1998）的这项研究成果在全球引起了极大反响，且 MTL 作为生物多样性指标被广泛用于评价捕捞行为对生态系统结构和功能的影响。

1.2.3.2 生态学意义

渔获物平均营养级研究发展于营养级研究，因此本节从营养级（trophic level，TL）的概念入手，简要概述渔获物平均营养级的生态学意义。营养级概念由 Elton 和 Lindeman 提出，用于反映食物网中生物的位置，如初级生产者、初级消费者、次级消费者等（Elton 和 Charles，1927；Lindeman，1942）。由于在早期的研究中未明确规定营养级的测量和估算方法，导致营养级在生态学中的应用受到了限制。Odum 和 Heald（1975）规定初级生产者的营养级为 1，提出根据消费者的食物组成来估算其营养级，并且定义了杂食性种类营养级的估算形式，促进了营养级研究的发展。此外，稳定同位素方法作为食性分析法的补充近年来被广泛用于营养级的估算，且 Kline 等（2002）研究发现，上述两种方法的计算结果基本一致。

在生态系统研究中，营养级可以揭示系统或群落的营养格局和结构组成特征。营养结构的生物量"金字塔"结构显示，生产者到消费者的生物量是逐级减少的，即营养级越高，其生物量越少。高营养级鱼类通常是重要的渔业资源种类，这些鱼类的营养标签可以用来反映该海域渔业资源的开发程度，高营养级鱼类的资源丰度越高，表明该海域生态系统的生物多样性水平越高（Elton 和 Charles，1927；Froese et al.，2005）。由于捕捞活动通常优先捕捞高经济价值的肉食性鱼类，因此与低营养级鱼类和无脊椎动物相比，个体大、性成熟晚、寿命长、营养级高的肉食性鱼类更易受到过度捕捞的影响。此外，大型肉食性鱼类资源的衰退降低了小型中上层鱼类和无脊椎动物的捕食压力，由此引发的营养级联效应使得生态系统以短寿命、低营养级的小型鱼类占优势，表现为渔获物平均营养级呈下降趋势。

1.2.3.3　渔获物平均营养级在国际上的应用

渔业管理的目标是使捕捞量长期处于生态可持续状态且渔民的收益最大化（King，2007）。历史上，人们认为渔业资源取之不尽、用之不竭，导致渔业管理的必要性遭到忽视。随着捕捞技术的发展和市场需求的扩大，海洋渔业资源在全球范围内由开发不足逐渐过渡为过度捕捞状态，渔业资源的可耗竭性和渔业管理的必要性在全球引起广泛重视（陈新军，2004）。2002 年召开的《生物多样性公约》（CBD）第六次缔约方大会，确定了"至 2010 年大幅度降低当前的生物多样性丧失速度"这一目标。为了衡量 2010 年目标的进展，CBD 组建了一个科学、技术和工艺咨询附属机构（Subsidiary Body on Scientific Technical and Technological Advice，SBSTTA），该机构运用科学可行的指标衡量全球生物多样性的变化趋势，其中渔获物平均营养级（会议称海洋营养指数 marine trophic index）被确立为能够直接用来衡量生物多样性水平的 8 个多样性指标之一（Cury et al.，2005；Walpole et al.，2009）。SBSTTA 进一步指出，大型顶级捕食者的衰退导致小型低营养级种类在生态系统中占主导地位，且这些低营养级物种通常资源量波动较大，生态系统的稳定性遭到破坏（Foley，2013）。

欧洲环境局（European Environmental Agency，EEA）将渔获物平均营养级作为渔业健康指标，并支持运用该指标在 2012 年前完成由所有欧盟成员国实施的海洋策略框架指令。EEA 认为，MTL 能够经济、简便、清楚地反映应用于不同尺度下整个欧洲海域的政策缺陷，是一个适宜的指标。在 2010 年欧洲海洋渔获物平均营养级评估中，EEA 研究发现，MTL 自 1950 年开始持续下降，并从

2000 年呈小幅上升趋势(Foley，2013)。

　　基于 MTL 的评估在加勒比海渔业可持续性和海洋保护区性能中也有应用。加勒比大海洋生态系统项目是一个由全球环境基金资助的、为加勒比大海洋生态系统的沿海国提供可持续管理措施的政府间工作小组，该项目为加勒比大海洋生态系统提供跨界评估以更好地了解海洋生态系统和制定适宜的管理措施。在2011 年区域大海洋生态系统健康的分析中，加勒比大海洋生态系统项目将 MTL 作为非可持续性渔业的一个关键生态系统指标，该项目指出，MTL 的下降表明捕捞活动破坏了加勒比海珊瑚礁功能及其生态系统(Foley，2013)。

1.2.3.4　影响渔获物平均营养级评估准确性的因素

　　1. 渔获量与资源量之间的差异

　　毋庸置疑，渔民在捕捞作业时具有选择性(目标种通常为经济价值高的种类)，因为海洋捕捞业的发展与经济利益息息相关(Sethi et al.，2010)。目前渔业中通常使用拖网捕捞底层鱼类，流网和延绳钓捕捞表层鱼类，在使用这些渔具作业的海域，基本上海洋中所有的鱼类都会受到影响。尽管兼捕产生的丢弃渔获物会导致捕捞活动造成的种群数量降低与上岸渔获量不相等，但一般来说，生态系统中的种群资源量可通过捕捞量来反映。当然，也存在一些特殊的情况，如纳米比亚海域中低营养级的双须多棘虾虎鱼($Sufflogobius\ bibarbatus$)资源量非常丰富，但开发强度较低，导致捕捞量无法反映生态系统中资源量的变化(Hollingworth，2005)，这种情况在当前渔业中出现得非常少。Pauly 和 Chuenpagdee(2003)对泰国湾(Gulf of Thailand)MTL 的研究发现，依据上岸渔获量和基于直接测量生态系统资源量的拖网数据所获得的 MTL 变化趋势基本相同。Valtysson 和 Pauly(2003)也同样认为，MTL 的下降趋势并非是捕捞量与生态系统中资源量的差异所引起(Valtysson 和 Pauly，2003；Pauly 和 Palomares，2005)。

　　2. 鱼类营养级随个体生长的变化

　　鱼类随着个体生长发育，食性会发生转变，进而导致营养级随之发生变化(Jennings et al.，2002；Currin et al.，2003)。例如，某些肉食性鱼类(如鳕鱼)在幼体阶段主要摄食浮游动物，营养级约为 3，随着个体的生长，食性类型由浮游生物食性逐渐转变成游泳动物食性，营养级上升至 4 以上，且捕捞作业会降低目标种类的个体大小，进而导致 MTL 下降。Pauly 等(2001)建立两个分析模型(基于体长和基于年龄)对加拿大东部海域进行研究发现，个体生长所引起的营养级变化会低估"捕捞降低海洋食物网"过程。

3. 渔获统计数据的空间和分类精度

FAO 全球渔获统计数据中超过 30% 无法准确到"种"，约 20% 无法准确到"科"（Caddy et al.，1998b）。渔获统计数据分类精度较差不仅是分类的问题，也是一个空间问题。在分类方面，利用 27 渔区的西欧渔业数据，将处于"种"水平的产量划分到对应的"属""科""目"时，研究发现 MTL 的下降速度减缓（Pauly 和 Watson，2005）。由于低纬度国家的渔获统计数据分类精度通常较差，大多数渔获物归属于"杂项鱼类"或"杂项甲壳类"等，Pauly 和 Palomares（2005）做出 18 个 FAO 渔区的 MTL 下降速度与处于"种"水平的产量比例的散点图，研究发现，渔获数据的分类过度聚集导致全球"捕捞降低海洋食物网（fishing-down marine food webs）"过程被低估。在空间方面，对于某些中西太平洋岛国，最初开发沿海种类，随着沿海渔业资源被过度捕捞，沿海渔业 MTL 呈下降状态，其渔业转向近海捕捞金枪鱼、鲣鱼和旗鱼等大洋性种类，使其整体 MTL 呈递增趋势，掩盖了捕捞降低海洋食物网现象（Zeller et al.，2003）。空间过度聚集效应体现较为明显的案例是中西大西洋，整体来看，中西大西洋 MTL 无明显变动趋势，但 Pauly 和 Palomares（2005）根据渔业开发历程将中西大西洋分为美国（切萨皮克湾的大西洋南部和墨西哥湾北部）和大加勒比海区两部分，研究发现，上述两个海域的 MTL 均呈下降状态。充分缩小研究海域范围可以在很大程度上减小空间过度聚集的影响，Pauly 和 Watson（2005）将 FAO 全球渔获统计数据依据 Watson 等（2004）的方法划分成 180000 个 $0.5° \times 0.5°$ 的小范围，研究发现，全球 MTL 的下降程度更大。

4. 低营养级物种的过多捕捞

营养结构的生物量"金字塔"模型显示，生产者到消费者的生物量逐级减少，在能量沿着食物网由初级生产者向高级消费者传递的过程中，绝大部分能量用于生长发育和繁殖（Winberg，1971；Pauly 和 Christensen，1995）。捕捞降低海洋食物网过程导致高营养级捕食者的资源量大幅下降，在海洋食物网营养级联效应的推动下，低营养级种类的资源量在生态上应该得到相应的增加，其增加量由营养级之间的转化效率所决定，海洋生态系统中的平均营养转化效率为 10%（Pauly 和 Christensen，1995）。为准确评估捕捞行为对渔业资源的影响，Pauly 和 Watson（2005）引入渔业均衡指数（fishing-in-balance index，FiB），将其作为渔业管理中"营养级平衡"的指标，用于评估渔业是否处于生态平衡。当 MTL 的下降由产量的增加而抵消时，FiB 保持不变；当渔区扩张或底层效应发生时，

FiB 升高；当渔业资源出现过度捕捞，导致生态系统结构与功能被破坏时，FiB 降低(Pauly 和 Watson，2005)。

5. 富营养化

利用渔获物平均营养级来评估捕捞对生态系统的影响受到 Caddy 等(1998b)的质疑，他认为沿海区域的富营养化会导致初级生产力增加，使低营养级的植食性鱼类资源量大幅增加，进而引起 MTL 下降(Caddy，1993)。此外，Pauly 等(1998)也注意到了一个相关问题，即作为全球主要渔获种类的秘鲁鳀鱼(*Engraulis ringens*)，其资源量大幅波动，进而导致全球 MTL 年间波动较大，但剔除该种类会导致分析的不完整。事实上，这也是 Pauly 在研究全球 MTL 变化情况时，缩小海域范围分别对 FAO 渔区进行讨论的主要原因之一。

为了消除上述问题，Pauly 和 Watson(2005)建议观测剔除低营养级种类下的 MTL 变化情况，即^{cut}MTL，上标"cut"指计算 MTL 所用的最小 TL。为了排除生物量受环境影响而波动较大的植食动物、腐生生物和食浮游生物动物对平均营养级造成的影响，Pauly 和 Watson(2005)提出观测不统计 TL 低于 3.25 物种下的$^{3.25}$MTL 变化情况，并对营养级大于 3.25 全球渔获物平均营养级$^{3.25}$MTL 作图，研究表明，$^{3.25}$MTL 呈下降趋势的海域范围是相应 MTL 范围的 1.6 倍，捕捞沿着海洋食物网(fishing-through marine food webs)现象并非由"底层效应"所产生。

1.2.3.5　基于渔获物平均营养级的综合评价方法

综合运用多指标，将渔获物平均营养级等营养指标与渔获组成、不同营养阶层种群生物量变动、市场价格等指标结合分析，有助于全面掌握捕捞活动作用下的鱼类群落结构的实际变化状况。例如，海洋群落营养结构的变化可以用营养组群如浮游生物食性鱼类、底栖生物食性鱼类、游泳生物食性鱼类的资源量来衡量(Caddy 和 Garibaldi，2000)。P/D(中上层鱼类/底层鱼类产量比)作为指示生态系统变化的一个粗略且有用的指标，由于中上层鱼类受富营养化的影响资源量可能会增加，而底层鱼类资源量受富营养化的影响会出现下降，因此富营养化和资源过度开发均会导致 P/D 指数呈上升趋势(Caddy 和 Garibaldi，2000；de Leiva Moreno，2000)。Pennino 等(2011)利用 MTL、FiB、$^{3.25}$MTL 与 P/D 指数探究了 1970~2005 年黑海大海洋生态系统的动态和营养变化情况，研究表明，黑海 MTL、$^{3.25}$MTL 和 FiB 呈下降状态，而 P/D 指数呈上升状态，其生态系统的结构和功能遭到破坏，而过度捕捞和人为富营养化是造成黑海高营养级种类资源量大幅下降而低营养级种类资源量显著上升的主要原因。

渔获物平均营养级的长期变化趋势可以反映捕捞活动引起的海洋生态系统大尺度变化，而 MTL 的短期变化趋势可能受市场需求、捕捞技术和环境变化影响较大（Caddy et al.，1998；de Mutsert et al.，2008；Litzow 和 Urban，2009；Powers 和 Monk，2010）。Jaureguizar 等（2008）通过探究阿根廷－乌拉圭公共渔区渔获组成与 MTL、FiB、营养类别（草食性鱼类、腐食性和杂食性鱼类、中级肉食性鱼类、高级肉食性鱼类和顶级捕食者）、初级生产力随时间的变化关系，对该海域渔业资源的开发状况进行评价，并找出造成该现状的原因。研究发现，阿根廷－乌拉圭公共渔区 MTL 在 1991～2003 年以 0.41/10 年的速度大幅下降，该生态群落的优势种已由 20 世纪 90 年代初的大型、生长缓慢、性成熟晚的肉食性鱼类逐步转变为 21 世纪初的中型鱼类、甲壳类和软体动物，传统渔业资源遭到过度捕捞，捕捞努力量逐渐转向开发强度较低的渔获种类，且捕捞技术的发展比市场因素和环境变动对阿根廷－乌拉圭公共捕鱼区渔获物平均营养级的影响更大。

海洋捕捞业的发展由利润所驱使（Sethi et al.，2010），因此鱼类的价格会对渔民的捕捞行为产生重要影响（Pinnegar et al.，2002，2006）。一般来说，高营养级大型鱼类的价格较低营养级小型鱼类或无脊椎动物的价格高，且当某物种资源稀缺时，其平均市场价格会上升（Murawski 和 Serchuk，1989；Sumaila，1998）。Baeta 等（2009）利用渔获量、MTL、FiB 和 LRPI（log relative price index）探究了 1970～2006 年葡萄牙海域食物网变化情况。若 LRPI 下降，则表明高营养级种类的相对价格下降或低营养级种类的价格上升；若 LRPI 上升，则说明高营养级种类的相对价格上升或低营养级种类的价格下降；若 LRPI 恒定，价格未发生明显变化。研究发现，葡萄牙在欧洲大陆海域的 MTL 呈下降趋势，而亚速尔群岛与马德拉群岛 MTL 呈上升趋势，葡萄牙在欧洲大陆海域的渔业处于不平衡状态，而葡萄牙整体海域 LRPI 呈逐步上升状态，表明高营养级种类相对低营养级种类的价格上升，应采取有效的渔业管理，防止资源的过度衰退。

1.2.4 种群开发状态图在渔业可持续性评价中的应用

资源评估通常被视为反映渔业开发状态最好的工具，但是全球大部分开发种类仍缺乏资源评估研究。运用其他方法，尽管在精度方面低于资源评估，但可基于可广泛获得的数据且能够对不同国家进行评估和比较，从而对评估全球种群的开发状态具有重要意义（Pitcher et al.，2009b；Alder et al.，2010；Kleisner et al.，2013）。种群开发状态图（stock status plots，SSPs）属于该类方法，SSPs 由

FAO 最先提出，是反映种群开发状态随时间变化的二维图（Grainger 和 Garcia，1996）。

渔业的发展历程大体包括以下几个阶段：未充分开发（predevelopment）、加速开发（developing）、充分开发（exploited）、过度开发（overexploited）、衰退（collapsed）、恢复（rebuilding）。1984 年 FAO 报告利用渔获量随时间的变化来反映渔业开发历程以及资源量的变化和近海资源种类组成（Csirke 和 Sharp，1984）。Csirke 和 Sharp（1984）用图形反映了各渔业开发阶段在高捕捞强度下的渔业开发过程和中等捕捞强度下环境因素引起的种群波动情况（用资源量、捕捞努力量和产量的变化情况来反映）。在 Csirke 和 Sharp 的研究基础上，Grainger 和 Garcia（1996）通过拟合产量时间序列的多项式曲线并对其斜率进行分类，进而提出了首个种群开发状态图 SSPs。其定义种群开发状态如下：低产量水平下的稳定斜率表示未充分开发；递增斜率表示加速开发；高产量水平下的稳定斜率表示充分开发；递减斜率表示资源衰退。

Froese 和 Kesner-Reyes（2002）简化了 Grainger 和 Garcia（1996）的方法，其省略了 Grainger 和 Garcia 研究中的多项式分析，而根据最高产量来定义种群开发状态。Froese 和 Kesner-Reyes 定义种群开发状态如下：未充分开发，达到最高产量之前且产量少于最高产量的 10％；加速开发，达到最高产量之前且产量为最高产量的 10％～50％；充分开发，产量大于最高产量的 50％；过度开发，达到最高产量之后且产量为最高产量的 10％～50％；衰退，达到最高产量之后且产量少于最高产量的 10％。Pauly 等（2008）略加修改了 Froese 和 Kesner-Reyes 的方法，其将未充分开发合并至加速开发类。Pauly 等（2008）仅讨论种、属和科水平上的种群，且种群满足以下条件：首尾产量对应的年份相差大于 10 年，至少存在 5 年连续产量，产量大于 1000t。鉴于有效的渔业管理能够使得衰退的资源得到恢复，Kleisner 等（2013）在种群开发状态中引入恢复类别，并重新定义了渔业开发状态（表 1-3）。

表 1-3 Kleisner 等（2013）提出的基于产量时间序列的渔业资源开发状态分类方法

渔业开发状态	评价标准
加速开发（developing）	达到最高产量之前且产量≤最高产量的 50％或最高产量出现在最后一年
充分开发（exploited）	产量>最高产量的 50％
过度开发（overexploited）	达到最高产量之后且产量为最高产量的 10％～50％
衰退（collapsed）	达到最高产量之后且产量<最高产量的 10％
恢复（rebuilding）	达到最高和最低产量之后且最低产量<最高产量的 10％，同时产量为最高产量的 10％～50％

1.2.5　渔业资源可持续利用的影响因素

1.2.5.1　社会经济因素对渔业资源可持续利用的影响

　　由于渔业资源可持续开发利用是人类的一项追求，且又是在社会目标和抱负的背景下开展的，因此必须对社会经济因素加以认识和考虑。自然养护国际联盟定义了可持续性的"三大支柱"：社会、经济和环境。目前大多数研究局限于渔业资源开发状态这一方面，而忽略了社会经济因素的影响。人类对自然环境的影响由社会经济因子所推动，经济发展与资源的开发利用关系密切。新古典经济理论学家认为环境质量属于奢侈品，因此仅富裕的国家愿意在环境保护上大规模投资。环境库兹涅茨曲线（environmental Kuznets curve，EKC）是描述经济发展水平与环境质量关系的统计假设，EKC 假说认为，环境问题和经济发展水平（通常用人均 GDP 来衡量）呈倒"U"形关系，即当一个国家经济发展水平较低的时候，环境污染的程度较轻，但是随着人均收入的增加，环境污染由低趋高，环境恶化程度随经济的增长而加剧；当经济发展达到一定水平后，随着人均收入的进一步增加，环境污染又由高趋低，环境质量逐渐得到改善（Grossman 和 Krueger，1991，1995；Ehrhardt-Martinez，1998，2002；Dinda，2004）。目前国家水平上的 EKC 研究主要集中在温室气体排放和大气污染方面，但是一些学者开展跨学科分析，探讨人均 GDP 与物种减少之间的关系，从而验证该假说在其他领域是否成立。例如 Czech 等（2000）探讨了经济增长与美国濒危物种数量的关系，研究发现濒危物种数量与经济增长关系密切，美国濒危物种的数量随着经济的增长而不断上升。Naidoo 和 Adamowicz（2001）开展跨国分析，探讨了人均 GNP 的上升对生物多样性保护的影响，其将濒危物种分为 7 大类（植物、哺乳动物、鸟类、两栖动物、爬行动物、鱼类和无脊椎动物），研究发现，5 类濒危物种的数量与人均 GNP 关系密切，其中濒危植物、两栖动物、爬行动物和无脊椎动物的数量均随着人均 GNP 的上升而增加；而濒危鸟类的数量则随着人均 GNP 的上升而减少。Hoffman（2004）探讨了人口数量、城市化进程、土地利用、经济增长、贸易对濒危哺乳动物和鸟类数量的影响，研究发现经济增长和人口数量上升会导致濒危物种数量显著增加。Clausen 和 York（2008a）以渔获物平均营养级作为海洋生物多样性指标，对全球 102 个国家进行分析，评估了社会经济因素对海洋生物多样性的影响，研究认为经济增长、城镇化水平的提高和人口增长会降低全球海洋生物多样性。然而，由于数据的限制，在该研究的面板模型中，部分国家的部分年份数据缺失。

1.2.5.2 气候变化下渔业资源的可持续开发

饥饿和营养不良是世界各国面临的最严峻问题之一，因此粮食和营养安全已成为一项全球性的挑战。鱼类是动物蛋白的最重要来源之一，其富含人体必需氨基酸、维生素和矿物质等宝贵营养元素，且鱼类在营养和粮食安全中发挥的作用近年来在国际上受到越来越多的重视。海洋渔业除了提供海产品供人类消费外，同时也为从事水产品捕捞、加工和贸易活动的人们提供就业、生计和收入机会，从而为经济增长和粮食营养安全做出贡献（Hall et al.，2013；McClanahan et al.，2013；FAO，2016）。过度捕捞、生境退化和污染等因素严重损害了海洋生境、生态功能和生物多样性，造成全球海洋捕捞量的下降，进而产生负面的社会经济影响。而气候变化使海洋渔业可持续发展所面临的威胁变得更加复杂化，且其目前也被视为是实现全球粮食和营养安全、可持续发展和消除贫困的根本威胁（Johnson 和 Welch，2010）。

已有研究表明，在 20 世纪，海洋温度上升，海冰减少，海水酸性增加（Sumaila et al.，2011；IPCC，2007）；而且，在基于政府间气候变化专门委员会（Intergovernmental Panel on Climate Change，IPCC)气候变化情景下，上述趋势在 21 世纪仍将持续（IPCC，2007）。气候变化通过一系列直接和间接机制影响目标种类，直接影响机制包括影响鱼类的生理和行为，以及影响其存活率、生长、繁殖能力和种群分布（Brander，2007；Pörtner 和 Knust，2007；Munday et al.，2008；Cheung et al.，2010)，间接影响机制包括改变海洋生态系统的初级生产力、结构和组成（Hoegh-Guldberg et al.，2007；Toggweiler 和 Russell，2008；Boyce et al.，2010；Blanchard et al.，2012；Barange et al.，2014）。除了上述生物物理影响，气候变化通过影响渔获物的数量和质量，以及渔获物在专属经济区内部和专属经济区之间的分布，进而对渔业经济产生影响（Sun，2006；Moellmann，2009；Sumaila，2011）。例如，在 1997~1998 年厄尔尼诺事件发生期间，智利和秘鲁中上层鱼类产量下降了约 50%，导致鱼油出口收益降低了约 82 亿美元（Caviedes 和 Fik，1992）；同样地，由于厄尔尼诺事件造成海表面温度变化，导致东南亚鲭鱼围网渔业 1998 年的产量下降了 48%，造成了 620 万美元的损失（Sun et al.，2006）。由于渔业在粮食安全、生计和就业方面发挥着重要作用，因此了解气候变化对社会经济的影响至关重要（Allison et al.，2009；Merino et al.，2012；McClanahan et al.，2013)，探究气候变化对海洋渔业的影响并讨论渔业管理所需新方向的国际和国家工作日趋重要（Hughes et al.，2012；Mora et al.，2013；Allison 和 Bassett，2015；FAO，2016）。

脆弱性评价是一种融合社会、生态和经济信息的综合评价，既可以应用于全球海洋渔业中，也可以应用于某一特定的作业海域中（Allison et al.，2009；Cinner et al.，2012，2013；Pelletier et al.，2014）。目前已开展了一些脆弱性评价研究，旨在更好地了解和掌握气候变化对渔业的影响。例如，Allison 等（2009）评估了渔业面对气候冲击时全球 132 个国家的经济脆弱性。研究发现，非洲中西部国家（如马拉维、几内亚、塞内加尔和乌干达）、南美洲西北部的秘鲁和哥伦比亚、亚洲热带国家（孟加拉国、柬埔寨、巴基斯坦和也门）的经济脆弱性最高，该高脆弱性由气候变暖、渔业在国家经济和营养安全中相对高的作用以及有限的适应能力综合导致。Hughes 等（2012）在粮食安全背景下对 27 个国家珊瑚礁渔业的脆弱性进行评价，研究发现印度尼西亚和利比里亚脆弱性最高，而马来西亚和斯里兰卡的脆弱性最低，研究还发现大体存在 2 种常见脆弱性类型：低适应能力的低收入国家和较高适应能力且高敏感性的中等收入国家，并建议利用其评价结果制定特定的管理措施以提高低收入国家的适应性以及降低中等收入国家的敏感性。Cinner 等（2012）开展了气候变化对珊瑚礁渔业影响下的沿海社区脆弱性评价，其对 5 个东非国家的 29 个沿海社区脆弱性的三个组成要素（暴露度、敏感度和适应性）进行分析。研究发现，造成不同社区高脆弱性的组成要素显著不同，需采取特定措施有针对性地对脆弱性的不同组成要素进行处理。开展脆弱性评价研究有助于识别出气候变化下的高脆弱区域，掌握造成高脆弱性的原因，以及实施有针对性的管理措施从而降低气候变化的相关脆弱性。联合国粮食及农业组织积极参与确定与气候有关的脆弱性和适应战略，且脆弱性评价目前已越来越受到决策者和学术界的重视（McClanahan et al.，2013；FAO，2016）。

1.3 研究内容、框架和技术路线

1.3.1 研究内容和框架

本书以可持续发展为理念，以渔业资源经济学为理论，构建基于渔获统计的渔业资源可持续利用评价体系，利用几十年的生产统计数据，分析世界各海区和沿海国海洋渔业资源开发利用现状，并进一步对 MTL 的变化机制进行探讨。通过收集渔获物价格数据，核算过度捕捞造成的全球各渔区捕捞量和经济效益的损失；同时，进一步核算过度捕捞造成的生态系统不同群落结构组成的经济损失。开展跨学科分析，将渔业资源开发与社会经济因素联系起来，首次运用多指标综合探讨经济发展对海洋渔业资源开发利用的影响，并在粮食安全背景下评估了全球 109 个国家海洋渔业对气候变化的脆弱性，为国家层面的政策响应和适应性管理策略提供指导，以促使渔业为全球粮食安全和经济增长做出持久贡献。研究内容及方法在国内属首次开展，也是国际上首次进行较为系统的研究与分析。按照研究内容，本书共分为7章：

第1章为绪论。首先阐明本书的研究目的和意义，并总结全球海洋渔业概况以及渔业资源可持续利用评价的研究现状和存在的问题，同时对本书的研究内容和体系作简要论述。

第2章为全球各渔区海洋渔业资源可持续利用评价。利用渔获统计数据及相关物种营养级建立各渔区海洋渔业资源可持续利用评价指标体系，综合分析和评价1950~2010年各渔区渔获组成与生物多样性指标MTL、FiB等变化情况，并通过分析各渔区群落营养结构组成变化趋势，对MTL的变化机制进行探讨，以全面掌握鱼类群落结构的实际变化状况以及不同MTL变化机制下的生态影响，进而对太平洋、大西洋、印度洋渔业资源的势态和现状作出评价。

第3章为全球沿海国海洋渔业资源可持续利用评价。Pauly（1998）、Essington（2006）等学者研究认为，捕捞降低海洋食物网现象在全球海域中普遍存在，且该研究也被很多学者在特定沿海国研究中证实，但对全球各沿海国MTL的系统综合评价仍缺乏，本书系统地对1950~2010年全球三大洋各沿海国渔获物平均营养级变化情况进行分析，观察发生捕捞降低海洋食物网现象的国家，并对引起MTL下降的四种假说进行探讨，为渔业管理者宏观把握渔业资源开发状态提供依据。

第4章为过度捕捞造成全球海洋渔业的产量和经济损失。渔业资源普遍出现衰退，过度捕捞是主要原因之一。通常国内外学者采用生物多样性指标对渔业资源开发状态进行评价，而对过度捕捞造成的经济损失的核算研究却相对缺乏。资源价值或经济核算也是渔业资源可持续利用评价的主要内容，为此，本书拟对过度捕捞造成的世界各渔区捕捞量和经济效益的损失进行核算，同时进一步核算过度捕捞造成的生态系统不同群落结构组成的经济损失，进而更全面地掌握各渔区不同渔业资源的开发状况。

第5章为社会经济因素对海洋渔业资源开发利用的影响。人类对自然环境的影响受社会经济因素驱使，掌握非生物因素的影响对避免过度捕捞至关重要。按照环境库兹涅茨曲线的观点，在经济发展初期环境问题不可避免，但随着经济增长，环境问题将得到改善。基于该理论假说，本书拟选取渔获物平均营养级、所需生产力占总生产力的比例%PPR（PPR/PP）和 L 指数作为衡量渔业资源可持续开发的生态指标，探讨经济增长对海洋渔业资源开发利用的影响。

第6章为气候变化下海洋渔业的粮食安全脆弱性评价。运用脆弱性评价框架，运用对海洋渔业具有更直接和显著影响的4个环境指标：海表面温度异常、紫外线辐射、海洋酸化和海平面上升，在全球范围内首次系统地评估海洋渔业面对气候冲击时各国的粮食安全脆弱性，旨在获得最需要采取干预措施的区域，以及了解脆弱性的驱动因素，从而确定未来的研究方向。

第 7 章为结论与展望。对本书的主要结论进行总结，对存在的不足和今后进一步研究问题进行探讨。

1.3.2　技术路线

本书研究技术路线见图 1-4。

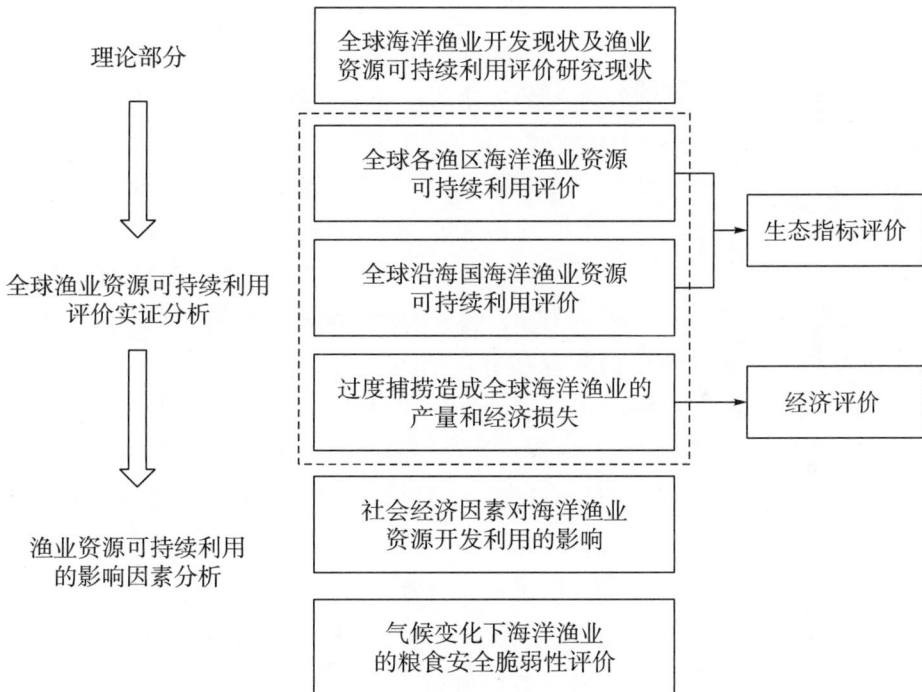

图 1-4　本书研究技术路线

第 2 章　全球各渔区海洋渔业资源可持续利用评价

　　全球气候变化以及人类对海洋渔业资源的高强度开发导致传统海洋渔业资源在全球范围内持续衰退(Lotze et al.，2006；Cheung et al.，2009；Chassot et al.，2010)。建立易于评估并能有效监测渔业资源开发状态的指标体系，从而避免渔业资源的衰退具有重要意义(Jennings，2005)。渔获物平均营养级概念由 Pauly 等(1998)提出，其营养级水平与作用在生态系统内的外界干扰直接相关，被生物多样性公约(Convention on Biological Diversity)、欧盟(European Union)、加勒比大海洋生态系统项目(Caribbean Large Marine Ecosystem and Adjacent Project)等国际组织用于评价捕捞行为对海洋生态系统的影响(Foley，2013)。

　　近年来，很多学者深入探究了渔获物平均营养级下降的潜在原因，并对以 MTL 作为海洋生态系统健康状况指标的有效性提出了质疑(deMutsert et al.，2008；Branch et al.，2010)。Branch 等(2010)模拟了 4 种不同渔业开发模式下 MTL 的变化趋势：①捕捞降低海洋食物网(fishing-down marine food webs)，该渔业表现为当高营养级资源出现衰退时，捕捞目标从高营养级种类向低营养级种类转移；②捕捞沿着海洋食物网(fishing-through marine food webs)，该渔业表现为持续增加低营养级种类的渔获量，而高营养级种类未出现衰退；③开发至过度捕捞(increase to overfishing)，该渔业表现为伴随捕捞强度的不断上升，所有种类逐步开发至过度捕捞；④基于资源的可获得性(based-on-availability)，该渔业表现为首先开发高资源量且易捕捞的种类，其次开发低资源量且不易捕捞的种类。由于基于资源的可获得性模式无证据支持，因此所观察到的 MTL 变化趋势主要由 3 种渔业开发模式所引起。捕捞降低海洋食物网和捕捞沿着海洋食物网模式会导致 MTL 呈下降趋势；而开发至过度捕捞模式不会引起 MTL 的下降，但海洋生态系统却遭到严重破坏。阐明 MTL 的变化机制对于全面地掌握捕捞活动对海洋生态系统的影响以及制定有效的管理措施至关重要。然而，至今仍缺乏在全球和区域范围内明确阐明 MTL 潜在变化机制的研究。

　　渔获物平均营养级的变化机制可以通过独立地观察高营养级和低营养级渔获量的变化情况来确定。Pauly 和 Watson(2005)提出剔除营养级小于 3.25 的渔获种类，[3.25]MTL 通常被用来反映商业性渔业目标的中高营养级渔获种类的资源量变化情况。[3.25]MTL 同时被广泛用于排除在渔业中持续增加低营养级渔获种类的情况，进而区分捕捞降低海洋食物网和捕捞沿着海洋食物网现象（Bhathal 和 Pauly，2008；Alleway et al.，2014），但是[3.25]MTL 可能无法有效地评估具有独特群落结构和开发历程的海域中捕捞行为对生态系统的影响。

　　尽管渔获物平均营养级在近年来遭到质疑，但目前仍被广泛用于监测和评估捕捞活动对海洋生态系统的影响。太平洋、大西洋、印度洋是海洋捕捞作业的主要海区，产量占全球海洋捕捞量的 98% 以上（FAO，2014b），且各渔区受环境的影响程度以及开发模式有所不同，分别对各渔区进行评价非常必要。本章在分析1950～2010 年全球三大洋各渔区 MTL 变化的基础上，进一步通过观察高营养级种类和低营养级种类的渔获量变化情况，在全球和区域范围内对渔获物平均营养级的潜在变化机制进行评估，旨在深化对 MTL 潜在变化机制的了解。此外，本章将进一步探讨群落结构和开发历程对利用[3.25]MTL 区分捕捞降低海洋食物网和捕捞沿着海洋食物网现象有效性的影响。

2.1　材料与方法

2.1.1　渔获统计和营养级数据

　　本章所用的 1950～2010 年渔获量数据来自联合国粮食及农业组织（FAO）网站（http://www. fao. org/fishery/Statistics/global-Capture-production/query/en），以 ISSCAAP 分类方法下载。相关物种的营养级取自 Fishbase 的 ISSCAAP 表（http://www. fishbase. org/report/ISSCAAP/ISSCAAPSearchMenu. php），对于部分不能准确到种的营养级，本书采用其所属科的营养级，表 2-1 列出了主要渔获种类的营养级。由于本书主要讨论捕捞活动对主要渔业资源的影响，所以水生植物、淡水鱼类、杂项水生动物产品、杂项水生动物、鲸、海豹和其他水生哺乳动物类，以及海洋中杂鱼类均不在讨论范围内。

表 2-1　20 个主要捕捞种类的营养级（依据 2010 年的渔获量）

捕捞种类	学名	营养级
秘鲁鳀鱼 Anchoveta	*Engraulis ringens*	2.70
狭鳕 Alaska pollock	*Theragra chalcogramma*	3.45
鲣鱼 Skipjack tuna	*Katsuwonus pelamis*	4.35

续表

捕捞种类	学名	营养级
大西洋鲱 Atlantic herring	*Clupea harengus*	3.23
鲐鱼 Chub mackerel	*Scomber japonicus*	3.09
带鱼 Largehead hairtail	*Trichiurus lepturus*	4.45
黄鳍金枪鱼 Yellowfin tuna	*Thunnus albacares*	4.34
圆鲹属 Scads nei	*Decapterus* spp.	3.53
鳀鱼 Japanese anchovy	*Engraulis japonicus*	2.56
欧洲沙丁鱼 European pilchard	*Sardina pilchardus*	3.05
小沙丁鱼属 Sardinellas nei	*Sardinella* spp.	2.82
大西洋鳕 Atlantic cod	*Gadus morhua*	4.42
大西洋鲭 Atlantic mackerel	*Scomber scombrus*	3.65
茎柔鱼 Jumbo flying squid	*Dosidicus gigas*	4.14
石首鱼科 Croakers，drums nei	Sciaenidae	3.67
软体动物类 Marine molluscs nei	Mollusca	2.10
贝氏智利鲱 Araucanian herring	*Strangomera bentincki*	2.69
美洲拟沙丁鱼 California pilchard	*Sardinops caeruleus*	2.43
智利竹筴鱼 Chilean jack mackerel	*Trachurus murphyi*	3.49
游泳亚目 Natantian decapods nei	Natantia	2.20

2.1.2　分析方法

渔获物营养级由 Pauly 等(1998)的公式计算得出：

$$\mathrm{MTL}_i = \frac{\sum_{ij} \mathrm{TL}_j Y_{ij}}{\sum Y_{ij}} \tag{2-1}$$

式中，MTL_i 为 i 年的渔获物平均营养级，TL_j 是渔获种类 j 的营养级，Y_{ij} 是渔获种类 j 第 i 年的渔获量。

Essington 等(2006)以 MTL 下降幅度大于 0.15 作为捕捞降低海洋食物网现象在生态上显著的依据。为了避免过高估计捕捞降低海洋食物网的可能性，本书将发生捕捞降低海洋食物网现象定义为 MTL 下降幅度大于 0.15 且下降周期大于 10 年。MTL 随时间的变化用回归分析进行量化，拟合度由决定系数 R^2 和显著性水平来确定。

　　Pauly 和 Watson(2005)认为，要准确评估捕捞行为对渔业资源的影响，不仅仅依赖于平均营养级的变化，而且还需要考虑 FiB 作为渔业管理中"营养级平衡"的指标，用于评估海洋生态系统是否处于生态平衡(Pauly et al.，2000)。当 MTL 的下降由产量的增加而抵消时，FiB 保持不变；当渔区扩张或底层效应发生时，FiB 升高；当渔业资源出现过度捕捞，导致生态系统结构与功能被破坏时，FiB 降低(Pauly 和 Watson，2005)。其计算公式为

$$\mathrm{FiB}_i = \lg\left[Y_i\left(\frac{1}{\mathrm{TE}}\right)^{\mathrm{TL}_i}\right] - \lg\left[Y_0\left(\frac{1}{\mathrm{TE}}\right)^{\mathrm{TL}_0}\right] \tag{2-2}$$

式中，Y_i 是 i 年的渔获量；TL_i 是 i 年的渔获物平均营养级；TE 是营养转化效率，本书设为 0.1(Pauly 和 Christensen，1995)；Y_0 和 TL_0 分别是指数标准化基准年的产量和平均营养级，本书取 1950 年相应数据。

　　捕捞降低海洋食物网和捕捞沿着海洋食物网模式的潜在机制显著不同。尽管在两种模式下，当 MTL 呈下降趋势时，低营养级种类的渔获量均上升，但捕捞降低海洋食物网模式下高营养级种类的渔获量持续下降，而捕捞沿着海洋食物网模式下高营养级种类的渔获量保持稳定或逐步上升(Essington et al.，2006)。本书以 MTL 开始出现下降时对应的值作为高营养级种类和低营养级种类的分界点，观察高营养级种类和低营养级种类的渔获量在 MTL 呈下降趋势时的变化情况。鉴于成功的渔业管理以及低营养级种类的衰退均能够导致 MTL 呈恢复上升趋势，本书进一步探讨了 MTL 呈显著恢复上升趋势时(从最小 MTL 对应的年份至 2010 年 MTL 上升幅度超过 0.15)，上述高营养级种类和低营养级种类的渔获量变化情况。对于 MTL 整体呈上升趋势的海域，本书以基准年(1950 年)的 MTL 作为分界点，将渔获物分为高营养级种类和低营养级种类，拟合高营养级种类和低营养级种类产量的对数值随时间的线性回归方程，并检验其显著水平。

　　为了准确地观察不同营养水平种类组成及渔获量变化，并掌握各海域海洋生态系统动态组成，本书拟将开发的渔获种类分为三大类，即营养类别 1(TrC1，2.00<TL<3.00)，植食性、腐屑性、杂食性鱼类；营养类别 2(TrC2，3.01<TL<3.50)，中级肉食性鱼类；营养类别 3(TrC3，TL>3.51)，高级肉食性鱼类和顶级捕食者。由于头足类的营养级较高，本书将头足类单独作为一类，加上甲壳类和软体动物，本书将渔获组成分为六类。

　　为了探讨渔业开发历程对于以 $^{3.25}$MTL 作为评价指标来监测海洋生态系统中的中高营养级种类变化情况的影响，本书根据 Pauly 和 Watson(2005)研究，对 1950~2010 年每个研究海域的 MTL 计算两次：一次针对所有渔获种类；另一次则剔除营养级小于 3.25 的渔获种类。MTL 和 $^{3.25}$MTL 均用线性回归模型进行量化。

2.2 研 究 结 果

2.2.1 全球渔获物平均营养级的变化

图 2-1(a)显示了 1950～2010 年全球三大洋渔获量的变化情况。渔获量由 1950 年的 14.86×10^6 t 逐步上升至 1996 年的 73.74×10^6 t，为历史最高值；之后渔获量逐渐下降，2010 年渔获量为 65.30×10^6 t。全球三大洋 MTL 以 0.057/10 年的速度由 1955 年的历史最高值 3.50 下降至 1986 年的历史最低值 3.21($R^2 =$ 0.48，$P < 0.05$)。由于秘鲁鳀鱼(*Engraulis ringens*)产量在 20 世纪 60 年代至 70 年代初大幅上升，导致 MTL 在此期间出现大幅下降。伴随 1972～1973 年秘鲁鳀鱼的衰退，MTL 在 1973～1986 年继续下降，之后逐步上升至 2010 年的 3.37 [图 2-1(b)]。FiB 由 1950 年的基准值 0 快速上升至 1973 年的 0.44，这表明由于渔业地理扩张，MTL 的下降被渔获量的增加所补偿；之后，FiB 先下降后逐步上升并稳定在 0.54 左右[图 2-1(c)]。

在三大洋 14 个 FAO 渔区中，有 10 个 FAO 渔区的 MTL 显著降低。其中，西北大西洋、东北大西洋、西南大西洋和西南太平洋的 MTL 和 FiB 均呈显著下降趋势(表 2-2)。西北大西洋 MTL 在 1965～2010 年以 0.24/10 年的速度下降；东北大西洋 MTL 在 1969～1992 年以 0.064/10 年的速度下降；西南大西洋 MTL 在 1996～2010 年以 0.12/10 年的速度下降；西南太平洋 MTL 在 2000～2010 年以 0.16/10 年的速度下降。然而，其他 6 个渔区 MTL 逐步降低时，其 FiB 无显著变化趋势或呈上升状态。具体来说，中东大西洋 MTL 在 1982～2010 年以 0.040/10

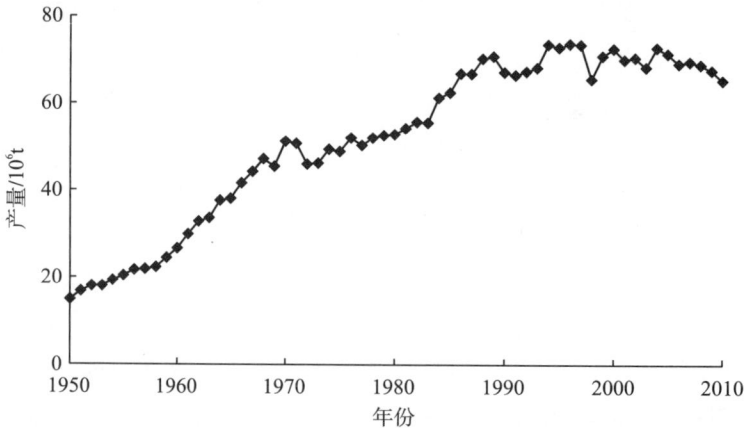

(a)产量

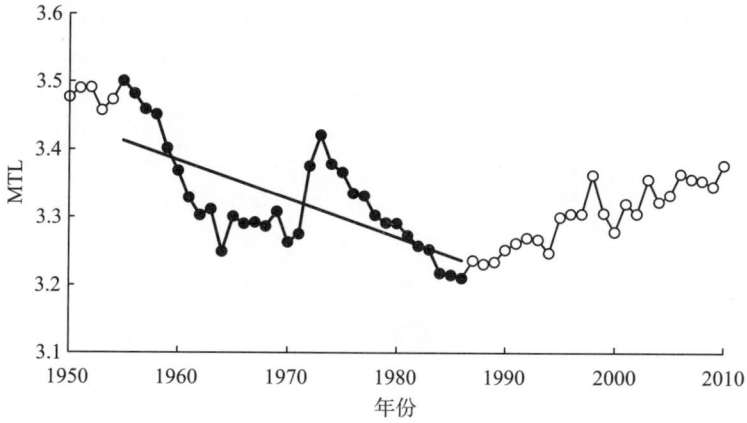

(b)渔获物平均营养级

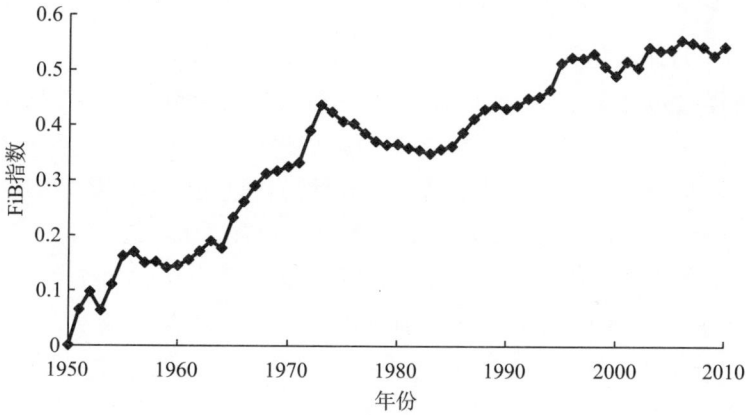

(c)FiB

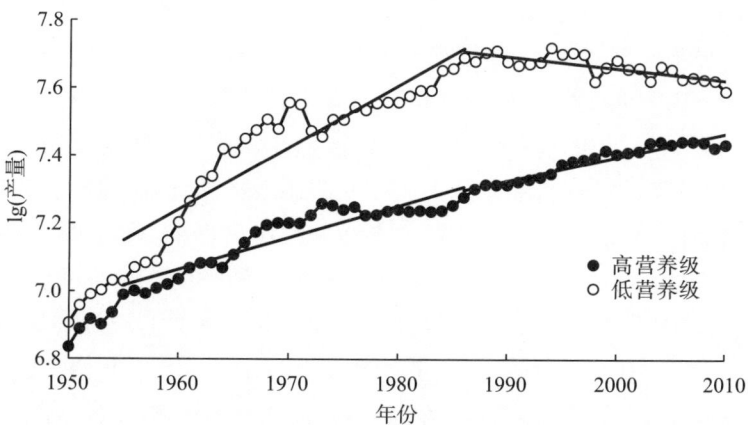

- ● 高营养级
- ○ 低营养级

(d)高营养级和低营养级种类的 lg(产量)

图 2-1　1950～2010 年全球三大洋的变化趋势

年的速度下降，中东太平洋 MTL 在 1964~2010 年以 0.065/10 年的速度下降。
而西北太平洋 MTL 在 1963~1988 年以 0.17/10 年的速度下降，东南太平洋
MTL 在 1952~1985 年以 0.18/10 年的速度下降，东印度洋 MTL 在 1952~1987
年以 0.08/10 年的速度下降。之后，上述 3 个渔区的 MTL 均呈恢复上升趋势，
且 FiB 也逐步上升。东南大西洋 MTL 在 1950~1963 年以 0.18/10 年的速度下
降，并在 1964~1972 年逐步恢复上升。之后，MTL 稳定在 3.44 左右；而其 FiB
在 1972~2010 年大幅下降（表 2-2）。中西大西洋、西印度洋、东北太平洋和中西
太平洋 MTL 在 1950~2010 年呈逐步上升趋势（表 2-2）。

2.2.2　MTL 的潜在变化机制

全球三大洋海域高营养级种类（$R^2 = 0.85$，$P < 0.05$）和低营养级种类（$R^2 = 0.85$，$P < 0.05$）渔获量在 1955~1986 年均呈显著上升趋势，表明全球海域发生
捕捞沿着海洋食物网现象[图 2-1（d）]。在 MTL 显著下降的 10 个 FAO 渔区中，
东南大西洋、东印度洋、中东太平洋和东南太平洋的高营养级种类渔获量显著上
升，中东大西洋和西北太平洋的高营养级种类渔获量无明显趋势，表明上述海域
发生捕捞沿着海洋食物网现象（表 2-2）。西北大西洋、东北大西洋、西南大西洋
和西南太平洋的高营养级种类产量显著下降，表明其发生捕捞降低海洋食物网现
象，且低营养级种类的渔获量在上述海域中无明显变化趋势（表 2-2）。

值得注意的是，全球三大洋 MTL 在经历显著下降后呈恢复上升趋势[图 2-1
（b）]。本书以 MTL 开始出现下降时对应的值作为高营养级种类和低营养级种类
的分界点，进一步检验 MTL 呈恢复上升状态时高营养级种类和低营养级种类的
渔获量变化情况。研究发现，低营养级种类的产量显著下降（$R^2 = 0.58$，$P < 0.05$），而高营养级种类的产量稳定上升（$R^2 = 0.92$，$P < 0.05$）[图 2-1（d）]。东
北大西洋、东印度洋、西北太平洋和东南太平洋 MTL 在近年来呈恢复上升趋
势，尽管高营养级种类的渔获量在上述 4 个海域均逐步上升或无明显变化趋势，
但是低营养级种类的渔获量在东北大西洋和西北太平洋大幅下降（表 2-2）。

中西大西洋、东北太平洋、中西太平洋和西印度洋的 MTL 呈大幅波动上升
趋势（表 2-2）。本书拟合高营养级种类和低营养级种类的产量变化情况，研究发
现中西太平洋和西印度洋的高营养级种类和低营养级种类的产量均呈显著上升趋
势（图 2-2），但是中西大西洋的低营养级种类产量自 1984 年开始大幅下降（$R^2 = 0.53$，$P < 0.05$）且高营养级种类渔获量也在 1998~2010 年逐步下降（$R^2 = 0.67$，$P < 0.05$）。东北太平洋的低营养级种类渔获量自 1987 年开始也呈显著下降趋势
（$R^2 = 0.46$，$P < 0.05$）（图 2-2）。

表 2-2　全球三大洋 14 个渔区渔获物平均营养级的变化速度及相应 FiB、高营养级和低营养级类的产量的变化趋势

渔区	回归年份	MTL 下降速度/10 年	FiB 变化趋势	高营养级种类的产量变化趋势	低营养级种类的产量变化趋势	回归年份	MTL 恢复上升速度/10 年	FiB 变化趋势	高营养级种类的产量变化趋势	低营养级种类的产量变化趋势
西北大西洋	1965~2010	-0.24	下降	下降	下降					
东北大西洋	1969~1992	-0.064	下降	下降	无显著趋势	1992~2010	0.066	无显著趋势	无显著趋势	下降
中西大西洋	1950~2010	上升	上升	上升	上升					
中东大西洋	1982~2010	-0.040	无显著趋势	下降	上升					
西南大西洋	1996~2010	-0.12	下降	下降	无显著趋势					
东南大西洋	1950~1963	-0.18	上升	上升	上升	1963~1972 1972~2010	0.68 无显著趋势	上升 下降	上升 下降	无显著趋势 下降
西印度洋	1984~2010	上升	上升	上升	上升					
东印度洋	1952~1987	-0.080	上升	上升	上升	1987~2010	0.070	上升	上升	上升
西北太平洋	1963~1988	-0.17	无显著趋势	无显著趋势	上升	1988~2010	0.090	上升	上升	下降
东北太平洋	1950~2010	上升	上升	上升	上升					
中西太平洋	1950~1985	上升	上升	上升	上升					
中东太平洋	1964~2010	-0.065	上升	下降	上升					
西南太平洋	2000~2010	-0.16	下降	下降	无显著趋势					
东南太平洋	1952~1985	-0.18	上升	上升	上升	1985~2010	0.084	无显著趋势	上升	无显著趋势

注：表中所有值均达到显著水平（$P<0.05$）；且"上升"和"下降"均达到显著水平（$P<0.05$）。

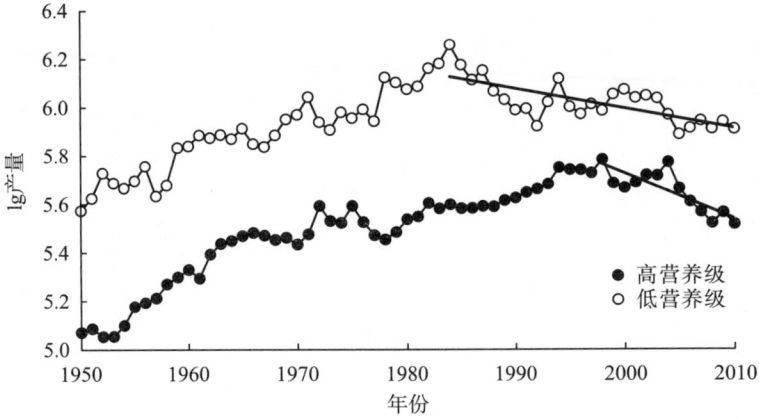

（a）中西大西洋

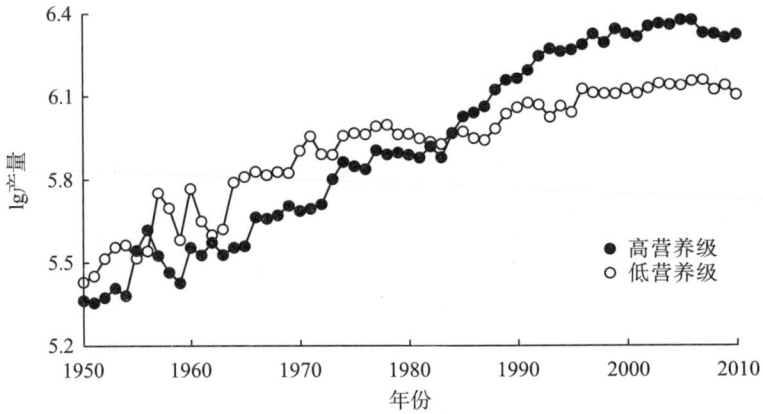

（b）西印度洋

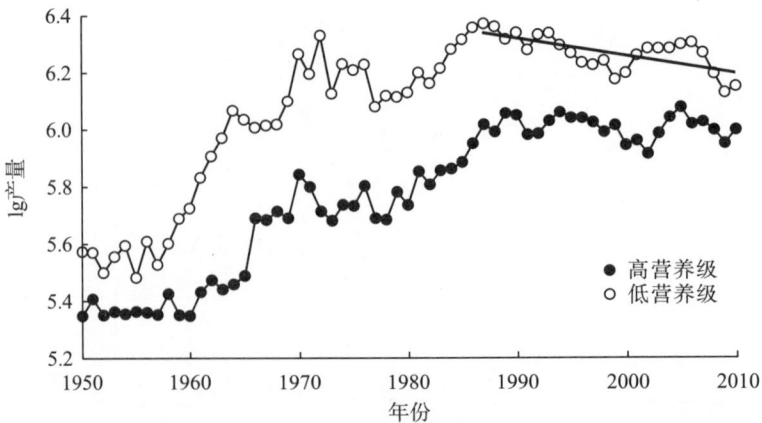

（c）东北太平洋

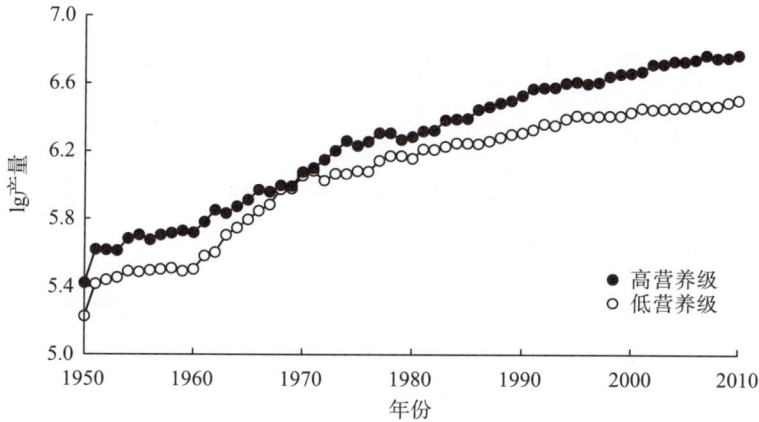

(d)中西太平洋

图 2-2　1950～2010 年高营养级和低营养级种类的 lg(产量)变化情况

2.2.3　渔业开发历程对 $^{3.25}$MTL 指标有效性的影响

西南大西洋海洋捕捞量在 1997 年达到最高值 $260×10^4$t，之后渔获量在 $170×10^4～250×10^4$t[图 2-3(a)]。西南大西洋渔获物主要由高营养级的 TrC3 和头足类组成[图 2-3(a)]。作为头足类的重要捕捞海域，西南大西洋头足类自 20 世纪 80 年代开始加速开发。西南大西洋 MTL 以 0.12/10 年的速度在 1996～2010 年稳定下降($R^2=0.84$，$P<0.05$)；但其 $^{3.25}$MTL 自 1950 年逐步上升，并从 20 世纪 70 年代开始维持稳定，并未出现显著的下降趋势[图 2-3(b)]。在剔除营养级小于 3.25 的渔获种类和头足类后，西南大西洋 MTL 自 20 世纪 90 年代中期开始稳定下降($R^2=0.80$，$P<0.05$)[图 2-3(c)]。

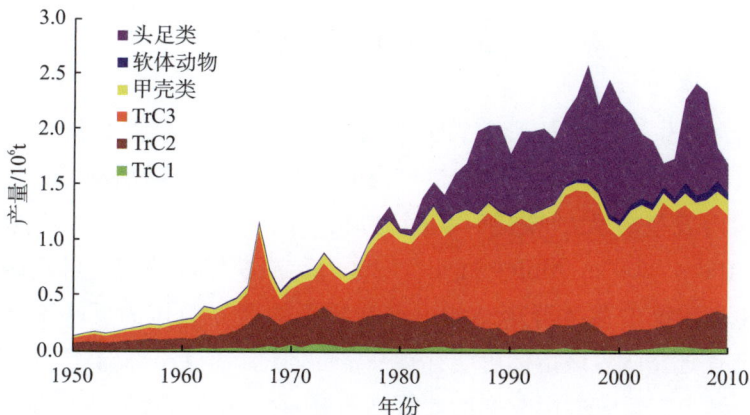

(a)渔获组成

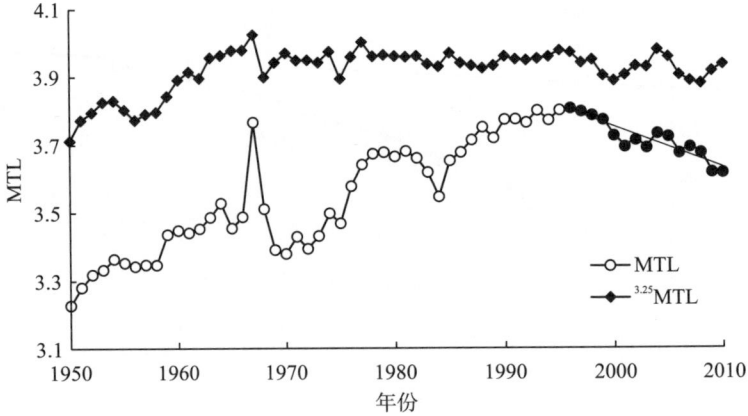

(b) MTL 和 [3.25] MTL

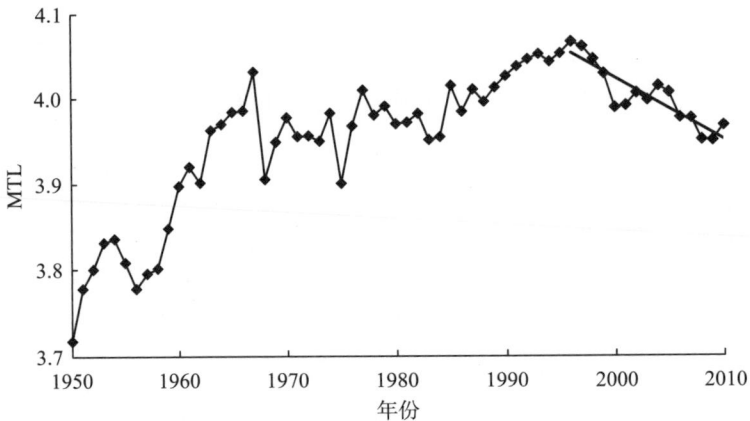

(c) 同时剔除头足类和营养级低于 3.25 种类下的 MTL

图 2-3　1950~2010 年西南大西洋产量和 MTL 的变化情况

2.3　讨论与分析

　　渔业对海洋生态系统的影响首先表现为捕捞对鱼类种群数量的各种直接影响。作为人类对海洋生态系统影响最广泛的开发行为，捕捞活动可以使鱼类群落在较短时间内发生较大的变化，从而对海洋生态系统的结构和功能产生影响（Scheffer et al.，2005；Ainley et al.，2009）。渔获组成情况能够反映渔业的开发目标和生态系统中鱼类群落结构，渔获物平均营养级作为反映渔获组成的指标，尽管已有研究认为该指标可能存在一定的问题，但目前仍被广泛用于评估捕捞活动对海洋生态系统的影响和渔业管理的有效性（Rochet et al.，2003；Fulton et al.，2005；Pauly 和 Watson，2005；Foley，2013）。本章利用 Fishbase 更新的营养级数据，分析全球三大洋渔获物平均营养级在 1950~2010 年的变化情况。研究发现，全球 MTL 以 0.057/10 年的速度在 1955~1986 年下降，之后 MTL 呈恢复上升趋势，且上述 MTL 变化趋势与近年的研究结果一致（Butchart et al.，2010；Branch et al.，2010；Tacon et al.，2010）。全球三大洋 14 个 FAO 渔区中，有 10 个渔区的 MTL 出现显著下降，而中西大西洋、西印度洋、东北太平洋和中西太平洋 MTL 在 1950~2010 年呈逐步上升趋势。

不同 MTL 变化机制对应着不同的渔业开发模式及潜在生态效应，因此掌握渔获物平均营养级的变化机制具有重要意义（Branch et al.，2010；Foley，2013）。至今，仅 Essington(2006)和 Litzow(2009)明确地探讨了 MTL 出现下降时高营养级渔获种类产量的变化情况，但是上述两个研究均没有探讨低营养级渔获种类的变化情况。本书发现，当全球 MTL 呈下降状态时，高营养级和低营养级种类的渔获量均逐步上升，验证了 Essington 等(2006)捕捞沿着海洋食物网现象普遍存在于海洋生态系统的结论。进一步拟合 MTL 出现显著下降的 10 个 FAO 渔区中高营养级和低营养级渔获种类产量的线性回归方程，研究发现，西北大西洋、东北大西洋、西南大西洋和西南太平洋均发生捕捞降低海洋食物网现象，但其低营养级渔获种类的产量并未出现显著上升。尽管在捕捞降低海洋食物网模式下，由于捕食压力的减轻，高营养级捕食者资源量的降低会增加生态系统中低营养级种类的资源量（Gascuel et al.，2005）。此外，高营养级捕食者的衰退可能会导致捕捞努力量向低营养级种类转移（Foley，2013）。西北大西洋鳕鱼渔业就是一个最好的例证，20 世纪 70 年代鳕鱼资源的衰退导致捕捞努力量大幅转向营养级较低的大西洋鲱，进而导致大西洋鲱资源的过度捕捞（Frank et al.，2005）。高营养级捕食者资源的衰退可以视为对渔业管理者的一种警示，以防止捕捞努力量向低营养级渔获种类转移。

尽管成功的渔业管理能够使 MTL 呈恢复上升趋势，本章对全球海域和西北太平洋的研究表明，MTL 呈恢复上升趋势可能伴随着低营养级渔获种类产量的降低。全球海域和西北太平洋 MTL 变化机制属于捕捞沿着海洋食物网模式，该模式的主要特点是最初开发高营养级渔获种类，之后不断增加低营养级种类的渔获量（Essington et al.，2006）。尽管该渔业开发模式不会导致高营养级鱼类资源的衰退，但高开发强度和高环境敏感度可能会导致低营养级鱼类资源的过度捕捞。Pinsky 等(2011)研究发现，海洋生态系统的脆弱模式与陆地生态系统显著不同，处于海洋生态系统营养级格局中的高营养级肉食性鱼类和低营养级草食性鱼类均易遭到过度捕捞，且低营养级鱼类以高于高营养级鱼类 2 倍的速率衰退。因此，当海域经历捕捞沿着海洋食物网模式后，MTL 呈恢复上升趋势时，需要进一步分析导致低营养级鱼类产量降低的主导因素是气候变化还是高捕捞强度，从而避免资源的进一步衰退。

　　需要注意的是，MTL 未出现下降并不能表明渔业得到有效的管理。本书对 MTL 呈上升或稳定趋势的 4 个渔区的高营养级和低营养级种类的产量进行分析，研究发现，在中西大西洋和东北太平洋随着 MTL 的逐步上升，低营养级鱼类的产量大幅下降。事实上，随着高强度的渔业开发，2013 年中西大西洋过度捕捞的种群比例高达 44%（FAO，2016）。低营养级的大鳞油鲱（*Brevoortia patronus*，TL＝2.19）和大西洋油鲱（*Brevoortia tyrannus*，TL＝2.25）作为中西大西洋的主要渔获种类，2010 年大鳞油鲱的产量仅为 1984 年最高值的 43%，大西洋油鲱的产量自 1981 年（13×10^4 t）开始持续大幅下降，2010 年仅为 357t。在东北太平洋，狭鳕（*Theragra chalcogramma*，TL＝3.45）作为主要渔获种类，其补充量的降低导致狭鳕产量在 20 世纪 80 年代后期急剧下降（FAO，2011）。上述现象进一步论证了 MTL 呈上升趋势可能伴随着低营养级鱼类产量的下降。为了综合且客观地评价捕捞活动对生态系统的影响，进一步评估低营养级渔获种类的开发状态十分必要。在东南大西洋，高营养级鱼类和低营养级鱼类的产量均显著下降，而其 MTL 基本维持稳定，该现象可能由于其渔业开发模式属于"开发至过度捕捞"。

　　自 1998 年 *Fishing Down Marine Food Webs* 一文发表以来，评估渔获物平均营养级随时间的变化趋势成为众多研究的焦点（Branch et al.，2010；Tsikliras et al.，2015）。渔获物平均营养级的降低与捕捞强度的增加密切相关（Pauly et al.，1998）；此外，渔民行为和市场等因素也会对 MTL 产生影响（Essington et al.，2006；Sethi et al.，2010）。当捕捞努力量向高营养级的头足类转移时，捕捞降低海洋食物网现象可能会被掩盖。事实上，传统渔业资源的衰退已导致非传统渔获种类开发强度加大，特别是无脊椎动物，如头足类资源。世界头足类渔业在近几十年来快速发展，2012 年头足类产值约占全球水产品贸易的 3%（FAO，2014a）。头足类属于短生命周期的生态机会主义者，其资源量受环境影响很大（Pecl 和 Jackson，2008；Coll et al.，2013b）。有研究发现，传统底层鱼类的过度捕捞能够显著增加头足类种群的资源量（Caddy 和 Rodhouse，1998）。尽管[3.25] MTL 能够在一定程度上排除资源量受环境因素影响较大的低营养级种类的影响，但该指标无法排除营养级较高且资源量受环境因素影响显著的头足类资源的影响。西南大西洋作为头足类的重要捕捞海域，其头足类产量自 20 世纪 80 年代以来大幅上升（FAO，2011），导致其[3.25]MTL 的下降趋势被掩盖。因此，在评估海域中是否发生捕捞降低海洋食物网现象时，需要考虑生态系统群落结构的影响。

　　营养动力学在基于生态系统的渔业管理和生物多样性保护中起着至关重要的作用（Cury et al.，2005）。渔获统计数据被广泛用于评估海洋渔业资源的开发状态（Kleisner et al.，2013）。尽管一些学者对渔获物平均营养级作为生态系统结构指标的有效性提出了质疑(Caddy et al.，1998；Mutsert et al.，2008；Branch et al.，2010)，但是渔获物平均营养级能够利用现有的数据简便快速地反映渔业开发活动下海洋生态系统的动态变化情况，且渔获物平均营养级的变动模式能够反映渔业活动随时间的变化情况。这满足近年来呼吁加大关注海洋生态系统不同群落结构开发情况的建议(Alleway et al.，2014)。本书认为，在分析渔获物平均营养级呈上升趋势时，需要特别关注低营养级渔获种类。此外，在评估具有特殊群落结构和开发历程海域的渔业可持续性状况时，渔获物平均营养级仅可作为确定渔业开发趋势的初始工具，需要进一步运用其他更全面的生态指标从而准确反映海洋生态系统的动态变化情况。

第3章 全球沿海国海洋渔业资源
可持续利用评价

    海洋捕捞业在过去的60年内快速发展,不仅捕捞海域范围大幅扩张,捕捞深度也在不断地趋向深海(Pauly et al.,2003;Morato et al.,2006;Swartz et al.,2010),目前全球约1/3的海洋渔业资源处于过度开发或衰退状态(Branch et al.,2011;FAO,2016)。为了使渔业资源对不断增长的世界人口的营养、经济和社会利益持续地做出贡献,渔业资源可持续利用评价在全球范围内引起了广泛重视。资源评估模型通常用于评价重要经济种类的开发状态。尽管该方法被视为最合理的资源开发状态的监测途径,但资源评估关键取决于估算种群生物量或资源量的能力,要准确地估计种群生物量即便在最理想的情况下也极其困难,且目前所估算的种类仅占世界被开发种类中很小的一部分(Conn et al.,2010;Kleisner et al.,2013)。更重要的是,占据全球渔业资源很大一部分的发展中国家,其渔业管理和数据收集能力较弱,仅基于资源评估模型无法掌握其资源的开发状态(Kleisner et al.,2013)。

    生物多样性指标作为资源评估方法的补充,被广泛用于评价捕捞行为对生态系统结构和功能的影响(Shin et al.,2010b)。尽管其精度相对于资源评估稍低,但其能够利用已知渔获生产统计数据进行分析,并能够实现特定海域与全球其他海域渔业资源可持续性的比较。渔获物平均营养级是目前使用最广泛的生物多样性指标之一,用于衡量渔获物从长寿命、高营养级鱼种逐步向短寿命、低营养级鱼种的转变(Pauly et al.,1998)。

    捕捞降低海洋食物网理论认为,渔获物平均营养级的下降是渔业资源的持续衰退所导致的,捕捞活动最初导致大型捕食者资源的衰退,之后造成中级捕食者资源的衰退,最后过度捕捞低营养级中上层种类(Foley,2013)。但是,近期研究发现MTL具有四种不同的下降模式:高营养级肉食性鱼类产量下降而低营养级饵料鱼类产量稳定;高营养级肉食性鱼类产量的下降速度高于低营养级饵料鱼类产量;高营养级肉食性鱼类产量稳定而低营养级饵料鱼类产量上升;高营养级肉食性鱼类和低营养级饵料鱼类的产量均上升,而低营养级饵料鱼类产量上升速度更快(Branch,2015)。后两种模式下MTL的下降是由于持续增加低营养级种类产量,而并非是高营养级种类产量的降低,该现象也被称为捕捞沿着海洋食物网。

太平洋、大西洋和印度洋是海洋捕捞作业的主要海区，产量占全球海洋捕捞量的98%以上(FAO，2016)，且各沿海国的渔业开发历程和管理措施不同，尽管已有很多学者利用渔获物平均营养级针对特定国家的海域进行了相应的分析(Daskalov et al.，2001；Pauly et al.，2001；Arancibia和Neira，2005；Jaureguizar和Milessi，2008；Freire和Pauly，2010；Alleway et al.，2014)，认为捕捞降低海洋食物网现象在全球海域中普遍存在，但对全球三大洋各沿海国海洋渔业资源变化进行整体性评价的研究仍缺乏。本章通过对1950~2010年全球三大洋各沿海国渔获物平均营养级变化情况进行系统分析，观察MTL出现下降趋势的国家，并对引起MTL下降的4种假说进行探讨，旨在更好地掌握渔获物平均营养级与沿海国渔业开发历程之间的关系，为宏观把握全球海洋渔业资源开发状态提供科学依据。

3.1　材料与方法

3.1.1　研究范围和方法

为了准确地观察各沿海国海洋渔业资源的变化情况，以评价捕捞活动对海洋生态系统的影响，本章仅统计各沿海国在其专属经济区所属的三大洋FAO渔区的捕捞量。由于本章主要讨论人类捕捞行为对海洋食物网的影响，因此对在渔获统计数据中"未确定的海洋鱼类"类别占主要组成的国家以及渔获物组成单一的太平洋岛国，均不在讨论范围内。本研究涵盖了75个主要沿海捕捞国，2010年其海洋捕捞量占全球海洋总捕捞量的88%。

3.1.2　渔获量和营养级数据

本章研究的渔获量数据来自联合国粮食及农业组织FAO网站(http://www.fao.org/fishery/Statistics/global-Capture-production/query/en)，以ISSCAAP分类方法下载，获得数据为1950~2010年各沿海国专属经济区所属的三大洋FAO渔区的捕捞量。相关物种的营养级取自Fishbase的ISSCAAP表(http://www.fishbase.org/report/ISSCAAP/ISSCAAPSearchMenu.php)。对于部分不能准确到种的营养级，本研究采用其所属科的营养级，主要渔获种类的营养级见表2-1。由于本研究主要讨论捕鱼活动对主要海洋鱼类资源的影响，因此水生植物、淡水鱼类、杂项水生动物产品、杂项水生动物、鲸、海豹和其他水生哺乳动物类，以及海洋中杂鱼类均不在讨论范围内。

3.1.3　渔业生态系统指标

渔获物平均营养级由 Pauly 等(1998)的公式计算得出：

$$\text{MTL}_i = \frac{\sum_{ij} \text{TL}_j Y_{ij}}{\sum Y_{ij}} \tag{3-1}$$

式中，TL_j 是渔获种类 j 的营养级，Y_{ij} 是渔获种类 j 第 i 年的渔获量。

Essington 等(2006)将 MTL 下降幅度大于 0.15 作为捕捞降低海洋食物网现象在生态上显著的依据，因此本研究观察 MTL 下降幅度大于 0.15 的海域，并分析其 MTL 的下降机制。低营养级的草食性鱼类或无脊椎动物的过度捕捞可能会导致 MTL 在逐步下降后呈恢复上升趋势(Stergiou 和 Tsikliras，2011)。为了完整地反映 MTL 的变化趋势且避免捕捞降低海洋食物网现象的过高估计，本研究对 MTL 下降和上升幅度大于 0.15(大于 10 年)的区间均进行了分析。MTL 随时间的变化情况用回归分析进行量化，拟合度由决定系数 R^2 和显著性水平来确定。鉴于非洲和拉丁美洲 20 世纪 90 年代前的渔获数据质量较差，其 MTL 时间序列从 1990 年开始。

3.1.4　渔获物平均营养级的变化机制

基于全球对大型肉食性鱼类开发状态的关注，本书以营养级 TL 等于 4.0 作为高营养级种类和低营养级种类的分界点(Myers 和 Worm，2003；Baum 和 Myers，2004；Essington et al.，2006)，观察 MTL 呈下降趋势时高营养级种类和低营养级种类的产量变化情况。本书进一步探讨在 MTL 经历逐步下降后呈恢复上升状态时，高营养级种类和低营养级种类的产量变化情况。拟合高营养级种类和低营养级种类产量的对数值随时间的线性回归模型，并检验其显著水平。

3.2　研 究 结 果

3.2.1　全球海洋渔业资源开发状态

从各大洲 1950～2010 年各年代的产量比例变化来看，世界海洋捕捞量主要来自欧洲、亚洲和南美洲。其中，欧洲的产量比例呈递减趋势，由 20 世纪 50 年

代的 38％下降至 21 世纪初的 18％；而亚洲产量比例呈递增趋势，由 50 年代的
34％波动上升至 41％；南美洲的产量比例年际波动较大，在 5％~28％范围大幅
波动；北美洲的产量比例在 50 年代为 18％，之后小幅下降并稳定在 12％左右；
非洲和大洋洲的产量比例分别稳定在 5％和 0.7％(图 3-1)。

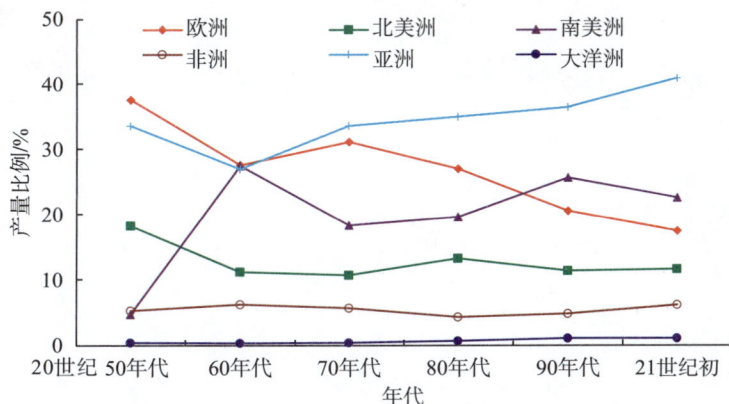

图 3-1　全球六大洲海洋捕捞量的比例变化情况

　　本书通过对全球三大洋 75 个主要沿海捕捞国 MTL 的变化趋势进行分析，
研究发现，43 个沿海国 MTL 出现显著下降。图 3-2 表示了 1950~2010 年各年代
全球沿海国 MTL 的变化趋势。在 20 世纪 50 年代，16 个沿海国 MTL 出现显著
下降，分别位于欧洲(7 个)、北美洲(2 个)、南美洲(4 个)、亚洲(2 个)和大洋洲
(1 个)[图 3-2(a)]。随着捕捞强度的增加，在 60 年代，比利时、挪威、英国、
厄瓜多尔和日本 MTL 出现大幅下降；此外，4 个沿海国 MTL 在经历下降趋势
后，呈逐步上升状态[图 3-2(b)]。海洋捕捞业在 70 年代至 80 年代经历加速发展
并逐步向南扩张，丹麦、德国、荷兰、韩国和中国 MTL 在 70 年代显著下降[图
3-2(c)]；法国、芬兰、乌拉圭和阿曼 MTL 在 80 年代逐步下降[图 3-2(d)]。此
外，MTL 呈恢复上升趋势的沿海国在 80 年代增加至 16 个。在 90 年代，喀麦
隆、利比里亚、南非和埃及 MTL 呈下降趋势；墨西哥、巴哈马、阿根廷、也门
和斯里兰卡 MTL 也逐步下降；此外，新增 2 个沿海国 MTL 在 90 年代呈恢复上
升趋势[图 3-2(e)]。经过 50 年的加速开发，哥斯达黎加、沙特阿拉伯和新西兰
MTL 自 21 世纪初开始显著下降；MTL 出现显著下降的沿海国数量增加至 43
个，其中欧洲 15 个、北美洲 6 个、南美洲 7 个、非洲 4 个、亚洲 9 个和大洋洲 2
个[图 3-2(f)]。

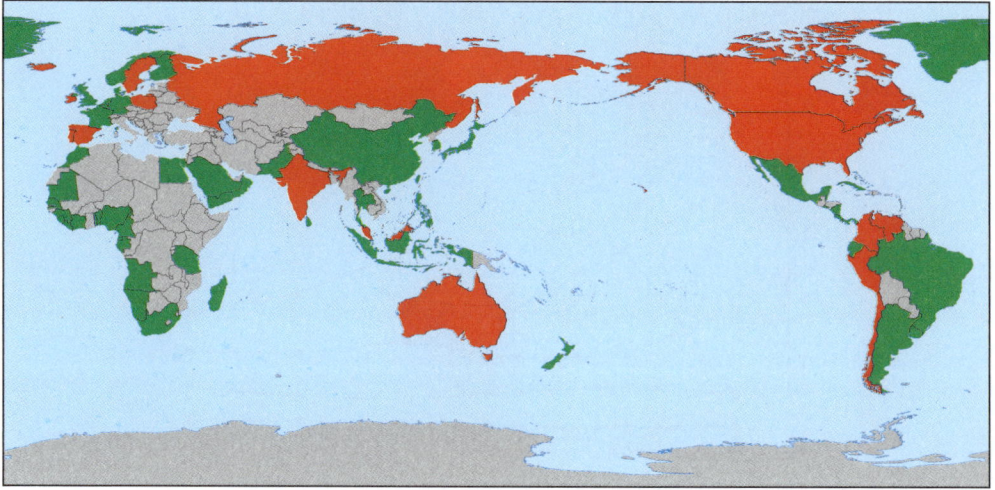

(a)20 世纪 50 年代

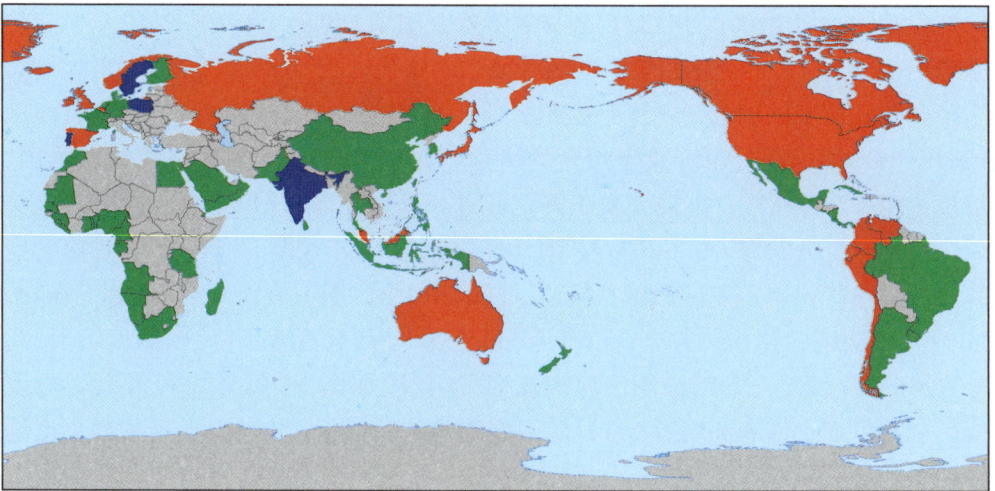

(b)20 世纪 60 年代

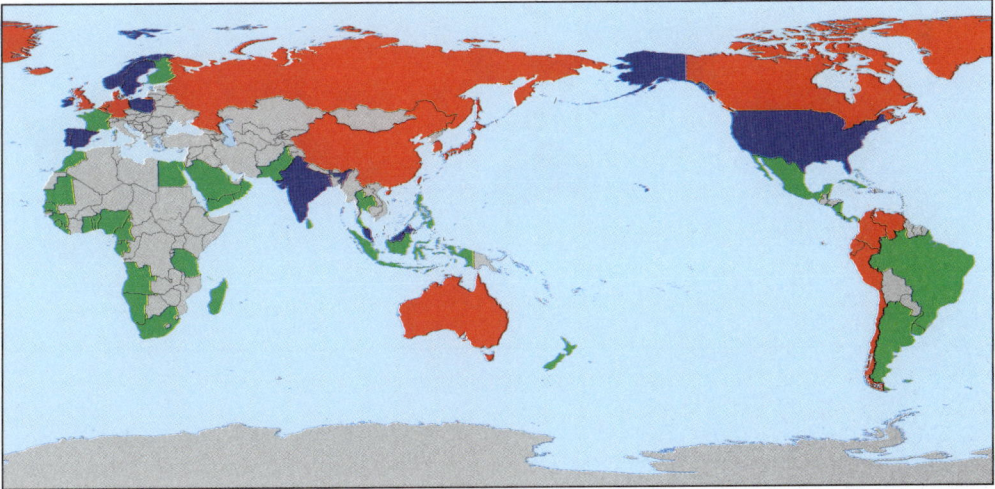

(c)20 世纪 70 年代

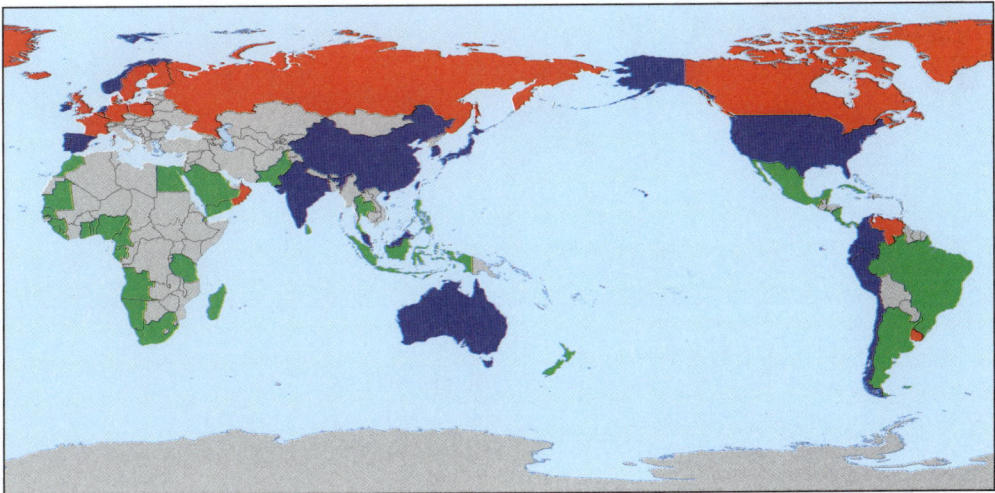

(d)20 世纪 80 年代

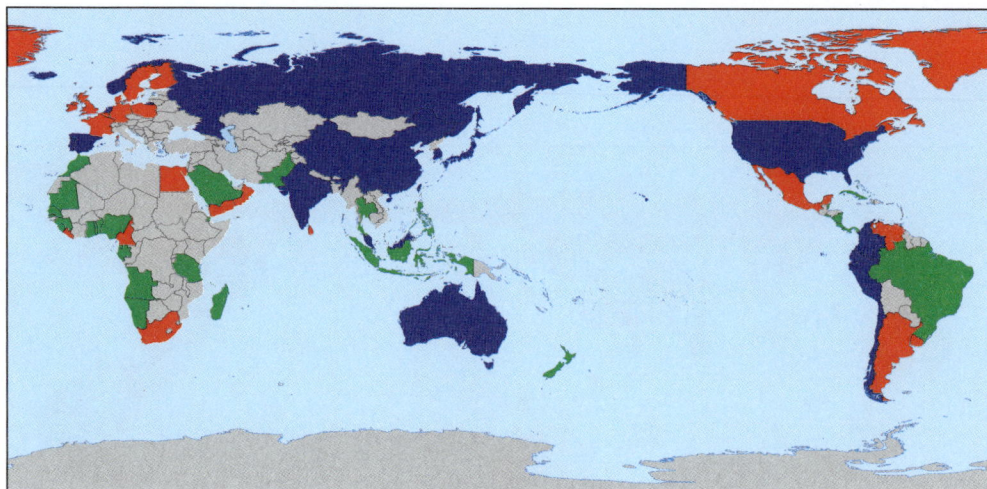

(e)20 世纪 90 年代

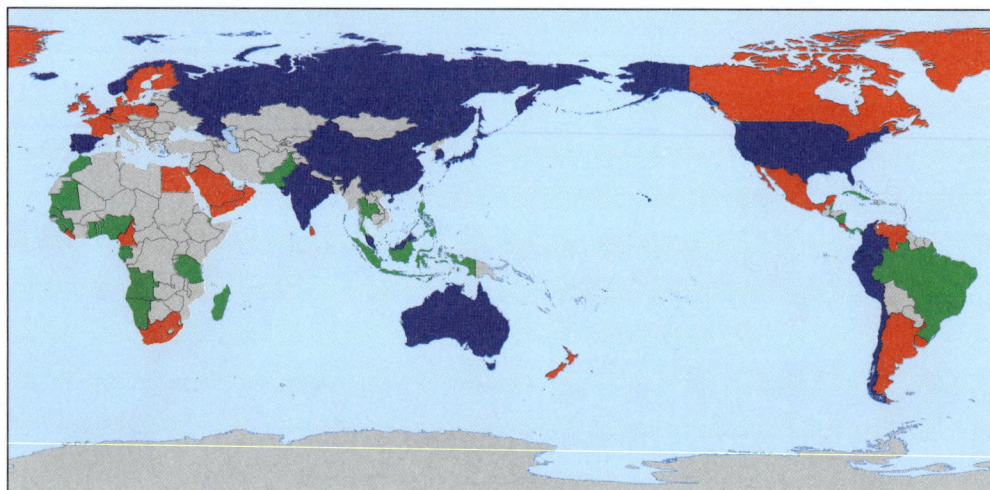

(f)21 世纪初

图 3-2　1950～2010 年全球沿海国 MTL 的变化情况

不同颜色表示不同的 MTL 趋势，其中，绿色表示 MTL 上升或稳定；
红色表示 MTL 下降；蓝色表示 MTL 呈恢复上升趋势。

3.2.2　全球沿海国渔获物平均营养级的变化

　　欧洲对海洋渔业资源开发的程度较高，本研究所讨论的 15 个欧洲沿海国
MTL 均出现下降（表 3-1）。当 MTL 呈下降状态时，英国、比利时、德国、丹
麦、荷兰、波兰、芬兰、瑞典、法国和爱尔兰海域的高营养级种类产量显著降

低；但是，其他 5 个欧洲沿海国的高营养级种类产量呈无明显趋势或显著上升，表明发生捕捞沿着海洋食物网现象，此外，上述 5 个沿海国 MTL 在经历下降后均呈恢复上升趋势(表 3-1)。

在北美洲的沿海国中，萨尔瓦多、古巴、尼加拉瓜和巴拿马的 MTL 呈持续上升趋势。美国、加拿大、墨西哥、巴哈马和哥斯达黎加的 MTL 均出现大幅下降趋势，但是，当 MTL 呈下降趋势时，仅加拿大和哥斯达黎加的高营养级种类产量显著下降，发生捕捞降低海洋食物网现象；而高营养级种类的产量在美国、墨西哥、巴哈马和格陵兰未出现显著下降，发生捕捞沿着海洋食物网现象(表 3-1)。此外，美国 MTL 在经历下降后呈稳定上升趋势，其低营养级种类的产量在 MTL 恢复上升时无明显变化趋势($P > 0.05$)。

南美洲是世界水产品的重要出口源。伴随高营养级肉食性鱼类产量的大幅下降，乌拉圭 MTL 在 1985~2010 年以 0.13/10 年的速度下降，阿根廷 MTL 在 1991~2010 年以 0.18/10 年的速度下降。由于低营养级种类的不断开发，哥伦比亚 MTL 在 1950~1982 年以 0.24/10 年的速度下降，厄瓜多尔 MTL 在 1960~1986 年以 0.39/10 年的速度下降，且上述两个沿海国 MTL 之后均呈恢复上升趋势(表 3-1)。但是，当 MTL 呈恢复上升趋势时，厄瓜多尔的低营养级种类产量呈显著下降趋势($P < 0.05$)。受秘鲁鳀鱼($Engraulis\ ringens$)、南美拟沙丁鱼($Sardinops\ sagax$)和智利竹筴鱼($Trachurus\ murphyi$)资源量大幅波动的影响，智利和秘鲁 MTL 在 1950~2010 年大幅波动。智利 MTL 在 1950~1983 年以 0.26/10 年的速度下降，秘鲁 MTL 在 1950~1985 年以 0.30/10 年的速度下降。智利和秘鲁 MTL 在经历下降后均呈逐步上升趋势，但是智利的低营养级种类产量在 MTL 逐步上升时显著下降(表 3-1)。巴西 MTL 在 1950~2010 呈递增状态。由于低营养级种类的不断开发，委内瑞拉 MTL 自 20 世纪 50 年代开始持续下降。

对于蛋白质缺乏的非洲来说，渔业在其国民经济和食物供给方面占有重要地位。从整体来看，大部分非洲国家 MTL 未出现显著下降。在所讨论的 25 个非洲沿海国中，仅南非、利比里亚、喀麦隆和埃及的 MTL 呈逐步下降趋势，其下降速度分别为 0.12/10 年、0.16/10 年、0.078/10 年和 0.11/10 年。但是，高营养级肉食性鱼类产量在上述 4 个沿海国中均未出现显著下降，表明发生捕捞沿着海洋食物网现象(表 3-1)。

亚洲各沿海国海洋渔业开发进程差异显著。日本、韩国、中国、马来西亚和印度的 MTL 均呈先下降后上升的趋势。但是，在 MTL 呈下降状态时，仅日本的高营养级种类产量出现显著下降，日本 MTL 在 1967~1987 年以 0.31/10 年的速度大幅下降。韩国、中国、马来西亚和印度在发生捕捞沿着海洋食物网现象后，MTL 呈波动上升趋势。但是，当 MTL 处于恢复上升趋势时，中国、马来西

表 3-1 MTL 出现下降趋势的 43 个沿海国 MTL 的变化速度及相应捕食者和被捕食者的产量变化情况

地区	沿海国	回归年份	MTL 下降速度/10 年	捕食者产量变化趋势	被捕食者产量变化趋势	回归年份	MTL 恢复上升速度/10 年	捕食者产量变化趋势	被捕食者产量变化趋势
欧洲	葡萄牙	1950~1964	-0.053	无显著趋势	上升	1964~2010	0.014	上升	下降
	波兰	1950~1965	-0.30	无显著趋势	上升	1965~1981	0.10	上升	无显著趋势
		1981~2010	-0.19	下降	上升				
	西班牙	1950~1971	-0.10	无显著趋势	上升	1971~2010	0.047	无显著趋势	下降
	爱尔兰	1950~1970	-0.11	上升	上升	1970~1998	0.047	上升	上升
		1998~2010	-0.13	下降	无显著趋势				
	瑞典	1950~1964	-0.061	上升	上升	1964~1986	0.074	上升	下降
		1986~2010	-0.15	下降	无显著趋势				
	俄罗斯	1950~1990	-0.10	上升	上升	1990~2010	0.10	上升	下降
	冰岛	1950~1997	-0.13	上升	上升	1997~2010	0.28	无显著趋势	下降
	挪威	1962~1976	-0.14	上升	上升	1976~2010	0.058	上升	下降
	比利时	1968~2010	-0.12	下降	下降				
	英国	1968~2010	-0.12	下降	上升				
	丹麦	1976~2010	-0.066	下降	下降				
	德国	1976~2010	-0.083	下降	下降				
	荷兰	1978~1989	-0.52	下降	上升	1989~2010	0.12	上升	下降
	芬兰	1984~2010	-0.047	下降	上升				
	法国	1986~2010	-0.16	下降	上升				
北美洲	美国	1950~1978	-0.039	无显著趋势	上升	1978~2010	0.13	上升	无显著趋势

续表

	沿海国	回归年份	MTL 下降速度/10 年	捕食者产量变化趋势	被捕食者产量变化趋势	回归年份	MTL 恢复上升速度/10 年	捕食者产量变化趋势	被捕食者产量变化趋势
北美洲	加拿大	1950~2010	-0.13	下降	上升				
	巴哈马	1990~2010	-0.055	上升	上升				
	墨西哥	1999~2010	-0.11	无显著趋势	上升				
	哥斯达黎加	2001~2010	-0.23	下降	无显著趋势				
南美洲	秘鲁	1950~1985	-0.30	无显著趋势	上升	1985~2010	0.11	上升	无显著趋势
	智利	1950~1983	-0.26	无显著趋势	上升	1983~2010	0.095	上升	下降
	哥伦比亚	1950~1982	-0.24	上升	上升	1982~2010	0.31	上升	上升
	厄瓜多尔	1960~1986	-0.39	上升	上升	1986~2010	0.45	上升	下降
	委内瑞拉	1950~2010	-0.048	上升	上升				
	乌拉圭	1985~2010	-0.13	下降	上升				
	阿根廷	1991~2010	-0.18	下降	上升				
非洲	喀麦隆	1990~2010	-0.078	无显著趋势	上升				
	利比里亚	1997~2010	-0.16	无显著趋势	上升				
	南非	1990~2010	-0.12	无显著趋势	上升				
	埃及	1990~2010	-0.11	无显著趋势	上升				
亚洲	印度	1950~1968	-0.20	无显著趋势	上升	1968~2010	0.050	上升	上升
	马来西亚	1950~1971	-0.034	上升	上升	1971~2010	0.075	上升	上升
	日本	1967~1987	-0.31	下降	上升	1987~2010	0.18	无显著趋势	下降
	韩国	1970~1986	-0.24	上升	上升	1986~2010	0.081	上升	下降

续表

	沿海国	回归年份	MTL下降速度/10年	捕食者产量变化趋势	被捕食者产量变化趋势	回归年份	MTL恢复上升速度/10年	捕食者产量变化趋势	被捕食者产量变化趋势
亚洲	中国	1973~1988	-0.27	无显著趋势	上升	1988~2010	0.095	上升	上升
	阿曼	1988~2010	-0.15	无显著趋势	上升				
	也门	1994~2010	-0.20	上升	上升				
	斯里兰卡	1997~2010	-0.12	无显著趋势	上升				
	沙特阿拉伯	2001~2010	-0.14	上升	上升				
大洋洲	澳大利亚	1950~1984	-0.081	上升	上升	1984~2010	0.061	无显著趋势	无显著趋势
	新西兰	2000~2010	-0.17	下降	无显著趋势				

注: 表中所有值均达到显著水平($P<0.05$); 且"上升"和"下降"均达到显著水平($P<0.05$)。

亚和印度的高营养级种类和低营养级种类的产量均逐步上升，而韩国的低营养级种类产量持续下降。沙特阿拉伯、也门、阿曼和斯里兰卡 MTL 分别以 0.14/10 年、0.20/10 年、0.15/10 年和 0.12/10 年的速度下降，但其高营养级种类的产量均未出现显著下降，属于捕捞沿着海洋食物网模式(表 3-1)。其他亚洲国家如泰国、菲律宾、印度尼西亚、巴基斯坦和卡塔尔渔业开发相对较晚，其 MTL 均呈稳定或逐步上升状态，未出现明显下降。

大洋洲的捕捞量主要来自澳大利亚和新西兰。澳大利亚 MTL 在发生捕捞沿着海洋食物网现象后呈显著上升趋势，且其高营养级和低营养级种类的产量在 MTL 恢复上升时均大幅波动而无明显趋势。但是，新西兰 MTL 在经历 1950～1999 年的持续上升后，以 0.17/10 年的速度逐步下降，且高营养级种类的产量显著降低，发生捕捞降低海洋食物网现象(表 3-1)。

3.3　讨论与分析

全球海洋渔业正处于一个重要的转折点，监测海洋生态系统的长期变化趋势目前已成为备受关注的世界性议题(Butchart et al.，2010；Garcia 和 Rosenberg，2010)。作为生物多样性和渔业可持续性指标，MTL 能够快速且简便地反映鱼类群落的动态变化，在近年来广泛用于评估捕捞影响、管理有效性以及指导未来渔业政策的制定。与 Pauly 等(1998)所得出的全球 MTL 在 1950～1994 年逐渐下降所不同，本书研究发现，全球三大洋 MTL 以 0.066/10 年的速度在 1950～1986 年稳定下降，并自 1987 年开始呈逐步上升趋势。近期的研究同样发现类似的变化趋势，并认为造成该差异的主要原因是 Fishbase 中一些关键种营养级的更新，如秘鲁鳀鱼 TL 由 2.2 更新为 2.7，智利竹䇲鱼 TL 由 3.3 更新为 3.49(Butchart et al.，2010；Branch et al.，2010)。

本书研究进一步论证了渔获物平均营养级的下降通常由持续增加低营养级种类的渔获量所引起。在 43 个 MTL 出现显著下降的沿海国中，27 个沿海国的高营养级肉食性鱼类产量呈上升或无明显变化趋势。大型捕食者资源量的衰退导致 MTL 出现下降的海域主要位于欧洲；在 16 个高营养级捕食者产量出现显著下降的沿海国中，10 个沿海国位于欧洲。尽管成功的渔业管理能够使 MTL 恢复上升，但是本书研究发现，MTL 呈恢复上升趋势通常伴随着低营养级种类产量的下降。在发生捕捞沿着海洋食物网现象后 MTL 呈恢复上升趋势的 20 个沿海国中，11 个沿海国的低营养级种类产量显著下降。Pinsky 等(2011)研究发现，处于海洋生态系统营养级格局中的高营养级肉食性鱼类和低营养级草食性鱼类均易遭到过度捕捞，且低营养级鱼类以高于高营养级鱼类 2 倍的速率衰退。因此，对于 MTL 呈恢复上升趋势的海域，需谨慎分析并掌握 MTL 潜在的变化机制。

欧洲的商业性渔业起步较早，导致其渔业资源最早遭到过度开发（Srinivasan et al.，2012）。其海洋捕捞量自 20 世纪 70 年代中期开始持续下降，传统种类如大西洋鳕（*Gadus morhua*）和黑线鳕（*Melanogrammus aeglefinus*）已被先前价值较低的玉筋鱼属（*Ammodytes* spp.）和蓝鳕（*Micromesistius poutassou*）所替代，鱼类群落结构发生显著变化（FAO，2011）。英国、比利时、德国、丹麦、荷兰、波兰、瑞典、法国和爱尔兰 MTL 均以高于三大洋海域 MTL 下降速度（0.066/10 年）持续下降。由于大西洋鳕的衰退和低营养级的欧洲鸟尾蛤（*Cerastoderma edule*）的加速开发，荷兰 MTL（0.52/10 年）以高于全球 MTL（0.1/10 年）5 倍的速度大幅下降；之后，由于高营养级蓝鳕渔业的开发，MTL 呈恢复上升趋势（FAO，2011）。尽管葡萄牙、西班牙、荷兰、挪威和俄罗斯 MTL 在近年来呈上升趋势，但该趋势主要由低营养级种类如欧洲沙丁鱼（*Sardina pilchardus*）、大西洋马鲛（*Trachurus trachurus*）、毛鳞鱼（*Mallotus villosus*）和狭鳕（*Theragra chalcogramma*）的产量受环境因素和高捕捞强度而大幅下降所导致（FAO，2011）。

北美洲渔业经过几十年的高强度开发，过度捕捞造成的经济损失在 20 世纪 70 年代至 90 年代逐步上升（Srinivasan et al.，2012）。由于传统底层鱼类如大西洋鳕、黑线鳕和太平洋无须鳕（*Merluccius productus*）的衰退，加拿大 MTL 以高于全球 0.1/10 年的速度稳定下降（Pauly et al.，2001）。低营养级鱼类如鲱鱼、甲壳类和软体动物在美国渔业中占据重要地位，鲱鱼渔业自 20 世纪 50~60 年代开始加速开发并发展成为美国东部最大的渔业，但是美国 MTL 自 20 世纪 70 年代后期开始逐步恢复上升却伴随着低营养级鱼类产量的大幅波动。事实上，美国传统低营养级渔获种类如大鳞油鲱（*Brevoortia patronus*）、大西洋油鲱（*Brevoortia tyrannus*）的产量自 20 世纪 80 年代开始大幅下降。

受秘鲁鳀鱼、远东拟沙丁鱼和智利竹筴鱼等中上层鱼类的影响，秘鲁和智利 MTL 大幅波动。秘鲁鳀鱼产量自 1950 年开始持续上升，受过度捕捞和厄尔尼诺事件的影响，该种群在 20 世纪 70 年代早期出现衰退，并在 20 世纪 90 年代得到一定程度的恢复（Chavez et al.，2003）。远东拟沙丁鱼产量自 20 世纪 70 年代中期开始大幅上升，由于 20 世纪 80 年代的高强度捕捞以及不利的环境因素（Schwartzlose et al.，1999），其资源量在 20 世纪 90 年代后期大幅下降。智利竹筴鱼产量在 21 世纪初出现大幅下降，近期研究表明，该种群目前已出现过度捕捞的迹象（FAO，2011）。而短生命周期的茎柔鱼（*Dosidicus gigas*）产量则自 2000 年开始大幅上升。智利竹筴鱼产量的大幅下降以及茎柔鱼产量的大幅上升导致秘鲁和智利 MTL 在近年来呈逐步上升趋势。由于蚶类（*Arca* spp.）产量的持续上升，委内瑞拉 MTL 自 20 世纪 50 年代开始逐步下降。乌拉圭和阿根廷海域的鱼类群落结构已发生显著变化，其传统经济种类如阿根廷无须鳕(*Merluccius hubbsi*)已逐渐衰退，而甲壳类、软体动物和头足类等产量则逐年递增(Milessi et al.，2005；Jaureguizar 和 Milessi，2008)。

非洲沿海国数据收集、资源评估和渔业管理能力相对较弱。中东大西洋海域的利比里亚、喀麦隆和南非 MTL 均呈下降状态。尽管高营养级种类并未出现显著下降，但是近期研究发现，中东大西洋大多数经济种类目前处于完全开发或过度开发状态，与中上层鱼类相比，经济价值较高的底层鱼类过度开发的比例更高(FAO，2011)。受本格拉上升流系统的影响，纳米比亚渔业资源丰富。纳米比亚独立以后，其渔业政策发生了变化，采取更加保守的渔业管理措施，使其 MTL 呈上升状态(Pitcher et al.，2009a)。

亚洲的捕捞强度始终处于高水平状态。日本和韩国商业性渔业开发起步较早，日本在 20 世纪 60 年代发生捕捞降低海洋食物网现象。由于低营养级狭鳕(TL=3.45)资源的持续衰退，日本 MTL 在近年来呈上升趋势。同样的，由于狭鳕产量的大幅下降和高营养级太平洋褶柔鱼(*Todarodes pacificus*)(TL=4.28)产量的大幅上升，韩国 MTL 自 20 世纪 80 年代后期逐步上升。亚洲海洋渔业自 20 世纪 70 年代开始经历加速开发，由于产量的持续上升，中国和马来西亚的高营养级和低营养级种类产量在过去 60 年内呈显著上升趋势。印度 MTL 自 20 世纪 70 年代开始逐步恢复上升，这可能与其渔业在 20 世纪 70 年代至 90 年代的大幅扩张有关，且该地理扩张目前已达到自然极限值(Bhathal 和 Pauly，2008)。

澳大利亚和新西兰通常被作为渔业管理的良好示范(Mora et al.，2009)。由于成功的渔业管理，澳大利亚过度捕捞的种群数量由 2005 年的 24 个下降至 2008 年的 18 个(Worm et al.，2009)。新西兰的渔业管理是在 1996 年颁布的《渔业法》下实施的，《渔业法》为其配额管理系统提供了法律框架，对配额的分配资格、条件、方法等均做出了规定。目前新西兰配额管理系统中包括 100 种渔获种类，2010 年仅 14 种渔获种类被认为处于过度捕捞状态(FAO，2011)，而新西兰 MTL 自 20 世纪 90 年代后期出现下降主要原因在于蓝尖尾无须鳕(*Macruronus novaezelandiae*)产量受厄尔尼诺南方涛动的影响而大幅下降(FAO，2011)。

需要注意的是，本书并不认为 MTL 未出现下降则表明渔业得到有效的管理。毋庸置疑，复杂的技术因素可能会掩盖捕捞降低海洋食物网现象(Stergiou 和 Tsikliras，2011)。此外，尽管一些非洲和印度洋沿海国 MTL 未出现显著下降，但空间上的过度聚集可能会掩盖捕捞降低海洋食物网现象(Pauly 和 Palomares，2005)。例如，从整体上来看，巴西 MTL 呈稳定上升趋势，但 Freire 缩小海域范围。研究发现，巴西东北部海域 MTL 以 0.16/10 年的速度在

1978～2000 年逐步下降(Freire 和 Pauly，2010)。但是，MTL 的水平与作用于海洋生态系统的外界干扰直接相关，其数值的波动能够反映海洋生态系统的多种信息，是认识和管理生态系统以及掌握渔业变化情况的重要指标。本书所讨论的 75 个主要沿海捕捞国产量占全球海洋总捕捞量的 88%，因此其渔业开发趋势能够大体反映全球海洋渔业的开发历程。

　　值得注意的是，发生捕捞降低海洋食物网现象沿海国以及 MTL 呈恢复上升趋势时低营养级种类产量显著下降的沿海国通常属于低营养不良发生率的发达国家，而 MTL 呈上升趋势的沿海国以及发生捕捞沿着海洋食物网现象的沿海国通常属于高营养不良发生率的发展中国家。从全球渔业贸易来看，高营养不良发生率的发展中国家通常是海产品净出口国，其通过大量出口高价值海产品以获取利润(Smith et al.，2010)。此外，这些国家的渔业管理和资源评估能力相对落后。在全球贸易的压力下，确保水产品对全球粮食安全持续做出贡献需要发展中国家对渔业资源进行有效的管理。

　　捕捞活动不仅会降低目标种群的资源量，而且会通过海洋食物网的营养级联效应引起海洋生态系统结构和功能的改变 (Rochet 和 Trenkel，2003；Greenstreet 和 Rogers，2006)。全球海洋捕捞量在 1996 年达到峰值后呈逐步下降趋势，过度捕捞不仅会产生负面的生态效应，而且会造成严重的社会和经济影响(Zeller et al.，2006；FAO，2016)。尽管全球三大洋 MTL 自 1987 年开始逐步上升，但该上升趋势可能伴随着传统低营养级种类渔获量的显著下降，需谨慎分析捕捞降低海洋食物网现象，掌握 MTL 的潜在变化机制。

第 4 章　过度捕捞造成全球海洋渔业的产量与经济损失

自 20 世纪 50 年代开始，随着捕捞技术的发展和市场需求的扩大，人类开发活动对海洋生态系统的影响不断增强，高强度的捕捞努力量和传统渔业管理不力等原因导致全球范围内传统经济渔业资源持续衰退甚至衰竭，全球渔业出现极大的经济损失（Pauly et al. ，2002；Srinivasan et al. ，2012；Watson 和 Pauly，2013），但全球捕捞强度和渔民数量仍在持续上升（FAO，2016）。监测和探索海洋生态系统的长期变化趋势从而促使渔业资源的可持续利用已成为目前备受关注的世界性议题。

掌握捕捞活动下海洋生态系统的动态变化对渔业政策的制定至关重要。很多国际组织和学者对全球渔业资源的开发状态进行了评估（Worm et al. ，2006；Branch et al. ，2011；FAO，2016），而对过度捕捞造成的产量和经济损失的核算研究却相对缺乏。Srinivasan 等（2008）利用渔获统计数据和保守的最大可持续产量（maximum sustainable yield，MSY）估算方法，核算了 1961～2000 年低收入国家、中等收入国家、高收入国家过度捕捞造成的产量损失，该研究为掌握全球渔业开发状态提供了一个新的视角。但是，全球不同海域的渔获组成差异显著，且不同类别渔获种类的开发历程也显著不同（Caddy et al. ，1998a，2000）。因此，进一步核算不同群落组成的开发状态对于成功的渔业管理非常必要。运用 Srinivasan 等（2008）的保守估算方法，本章将对过度捕捞造成的全球三大洋 FAO 渔区的产量和经济损失进行核算。与前人研究中仅探讨过度捕捞造成的总产量损失不同，本章将研究进一步核算过度捕捞造成海洋生态系统中不同类别渔业资源的产量损失，进而提供更为准确细致的结果。

4.1　材料与方法

4.1.1　过度捕捞的种群鉴别

运用 Srinivasan 等（2008）的 MSY 估算方法，本章旨在核算 1950～2010 年过度捕捞造成的全球 FAO 渔区产量和经济效益的损失。联合国粮农组织提出的种群状态图(SSPs)被广泛用于评估渔业资源的开发状态,若某种群产量下降至低于最高产量的 50%(最高产量后),则认为该种群遭到过度捕捞(Kleisner et al.,2013),但该方法可能会造成过度捕捞的过高估计(Branch et al.,2011)。为降低鱼类种群自然波动对过度捕捞的影响,根据 Srinivasan 等(2008,2010,2012)的方法,本章将产量在达到最高产量后连续 10 年或共 15 年低于最高产量 50%的种群视为遭到过度捕捞(本研究中的"种群"定义为 FAO 渔区中的物种)。与 SSPs 一致,本章仅探讨 1950~2010 年的累计产量超过 1000t 的种群,并利用 3 年平均值对数据进行平滑处理,剔除分类水平超过"科"的类别(Kleisner et al.,2013)。需要注意的是,本章中的"过度捕捞的种群"指在所讨论的时间区间内正在或曾经遭受过度捕捞的种群,因此也包括曾经处于过度开发(overexploited)和衰退(collapsed)状态但目前恢复至充分开发(exploited)和恢复(rebuilding)状态的种群。

4.1.2　最大可持续产量(MSY)估算

根据 Srinivasan 等(2008)建立的基于物种寿命 t_{max} 和最高产量 C_{max} 的 MSY 保守估算方法以及东北太平洋渔业科学中心(Northeast Fisheries Science Center,NEFSC)估算的 MSY 和产量值,本章对过度捕捞种群的 MSY 进行估算,研究采用 Srinivasan 等(2008)研究中 MSY 上限和下限的中间值估算过度捕捞损失的产量。鱼类寿命数据取自 Fishbase(www.fishbase.org),对于属和科的寿命数据采用该属/科所包含物种的寿命值的平均数,对于无脊椎动物的 MSY 值采用 Srinivasan 等(2008)研究中所有无脊椎动物 MSY 的平均值,约为最高产量 C_{max} 的 35%。为提供更准确的估计值,依据 Srinivasan 等(2008)对部分鱼类(NEFSC 对其 MSY 值进行了估算)和无脊椎动物(具有准确寿命数据)的 MSY 进行了修正。

4.1.3　过度捕捞的产量和经济损失估算及数据来源

本章对全球各 FAO 渔区所有过度捕捞的种群 i 在年份 t(t 大于最高产量所在年份 $t_{max\ catch}$,且产量 C_{it} 小于 MSY)的产量进行统计,进而核算各 FAO 渔区过度捕捞损失的产量 L(Srinivasan et al.,2010)。如式(4-1)所示:

$$L_t = \sum_i (\mathrm{MSY}_i - C_{it}) \tag{4-1}$$

式中,L_t 是 t 年份过度捕捞损失的产量;MSY_i 是种群 i 的最大可持续产量;C_{it}

是种群 i 第 t 年的产量。

产量数据取自 Sea Around Us Project（SAUP）数据库（www. seaaroundus. org）（data version 1. 40）（Pauly 和 Zeller，2015）。为了更准确地评价捕捞活动对生态系统中不同群落组成结构的影响，本章将各 FAO 渔区的渔获种类分为 4 大类：底层鱼类［包括底层鱼类（demersal fishes）、底栖鱼类（benthic fishes）、鲨鱼和鳐（sharks and rays）、比目鱼（flatfishes）］、中小型中上层鱼类、大洋性和深海鱼类［包括大型中上层鱼类（large pelagics）和深海鱼类（deep-water fishes）］和无脊椎动物。

渔获价格数据取自 SAUP ex-vessel 价格数据库。由于部分种类存在多个价格时间序列，例如多个海域均开发该渔获种类。为了最大化反映价格信息，本章对所有价格时间序列（折算为 2005 年不变价美元）进行平均，进而构建出价格指数（Sethi et al.，2010）。利用式（4-1）计算出的产量损失和 SAUP 提供的渔获价格数据，本书不仅首次对过度捕捞造成的全球各渔区产量和经济效益的损失进行核算，而且更进一步核算了过度捕捞造成的各渔区不同类别资源的产量和经济损失。

4.2　研　究　结　果

4.2.1　全球海洋渔业资源的开发状态

SAUP 数据库的渔获统计数据自 1950 年开始，该数据库为评估全球渔业开发状态提供了宝贵的信息。研究发现，全球三大洋海域 35％的种群正在或曾经遭到过度捕捞，导致 1950～2010 年损失的总产量高达 33284×10^4 t。表 4-1 列出了 14 个 FAO 渔区过度捕捞损失的产量。从 1950～2010 年损失的总产量来看，东南太平洋以 11507×10^4 t 排在首位；之后是东南大西洋、西北大西洋和西北太平洋，分别损失 6216×10^4 t、5044×10^4 t 和 4824×10^4 t。西南太平洋、西印度洋和东印度洋并未遭受严重的产量损失，其损失的总产量仅分别为 96×10^4 t、35×10^4 t 和 41×10^4 t。

表 4-1 列出了全球各渔区 1950～2010 年各年代过度捕捞种群的比例，西北大西洋以 62％位于首位；之后是东北大西洋、西北太平洋、东北太平洋和东南太平洋，分别为 53％、52％、49％和 48％。中西太平洋、西印度洋和东印度洋过度捕捞种群的比例均小于 20％，且西印度洋的比例最低，仅为 9％。其他渔区过度捕捞种群的比例在 34％～45％。

为衡量过度捕捞损失的产量占各渔区产量的比例，表4-1列出了全球各渔区2010年过度捕捞损失的产量占其实际产量的比例。东南大西洋以138%排在首位；之后是西北大西洋和东南太平洋，分别为59%和29%。东北大西洋、东北太平洋、西北太平洋和中西大西洋的比例分别为16%、15%、14%和11%。其他渔区2010年过度捕捞损失的产量占其实际产量的比例均小于10%（表4-1）。

表 4-1　基于渔获统计的全球三大洋渔区渔业资源开发状态

FAO渔区	过度捕捞的种群比例/%	1950~2010年损失的总产量/×10⁴t	2010年损失的产量比例/%
全球海域	35	33284	15
西北大西洋	62	5044	59
东北大西洋	53	2548	16
中西大西洋	34	322	11
中东大西洋	34	380	3
西南大西洋	35	279	3
东南大西洋	43	6216	138
西印度洋	9	35	1
东印度洋	13	41	0.2
西北太平洋	52	4824	14
东北太平洋	49	980	15
中西太平洋	20	517	2
中东太平洋	45	495	10
西南太平洋	35	96	10
东南太平洋	48	11507	29

4.2.2　过度捕捞的空间扩张分析

海洋捕捞量在20世纪50~60年代大幅上升，过度捕捞造成的资源衰退至20世纪70年代才在全球捕捞量的趋势上显著体现。依据Srinivasan等（2012）研究，20世纪70年代损失的平均产量情况反映了过去数十年的捕捞努力分布。图4-1表示了1970~2010年各年代末全球各渔区过度捕捞的种群比例。在20世纪70年代末，西北大西洋和东北大西洋过度捕捞的种群比例分别排在第1位和第3位，过度捕捞损失的产量分别为$181×10^4$t和$488×10^4$t；东南大西洋27%的种群遭到过度捕捞，其损失的产量高达$564×10^4$t；尽管东南太平洋过度捕捞的种群比例仅占 17%，但秘鲁鳀鱼资源的衰退导致其损失的产量最高，达到 $2468 \times 10^4 t$；其他渔区过度捕捞的种群比例均小于 20%，除东北太平洋外（$176 \times 10^4 t$），过度捕捞损失的产量均小于 $100 \times 10^4 t$。

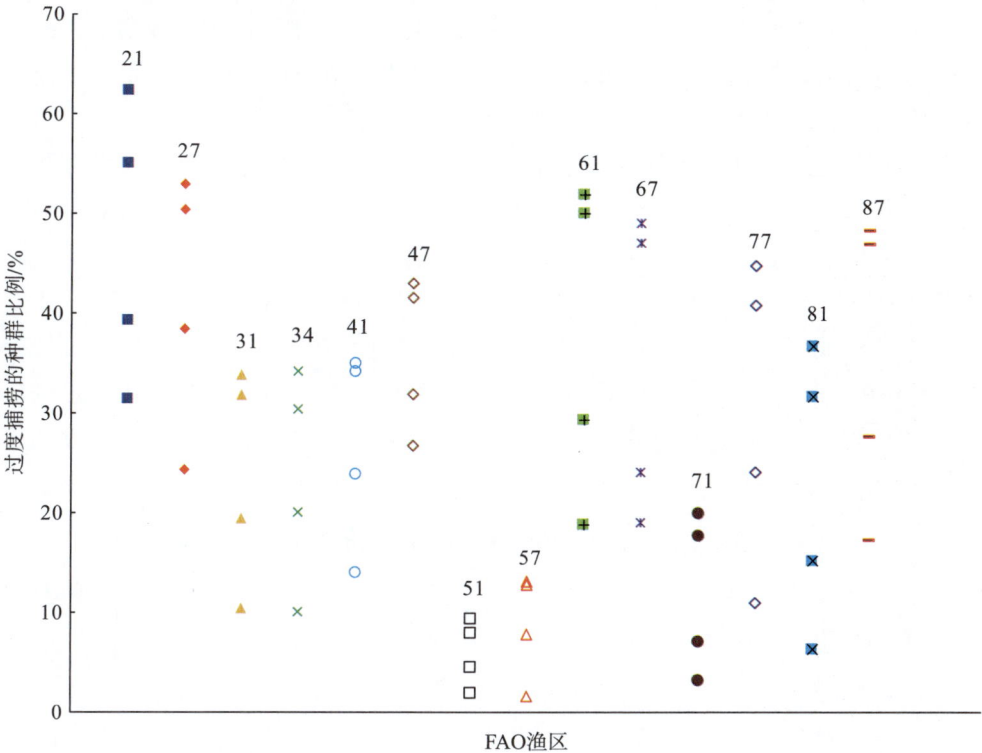

注：本研究中的"过度捕捞的种群"指正在或曾经遭受过度捕捞的种群，因此过度捕捞的种群比例逐步上升。每一列由下往上依次为 1970～2010 年各年代末的过度捕捞种群比例。每一列顶部的数字表示 FAO 渔区的编号，21：西北大西洋；27：东北大西洋；31：中西大西洋；34：中东大西洋；41：西南大西洋；47：东南大西洋；51：西印度洋；57：东印度洋；61：西北太平洋；67：东北太平洋；71：中西太平洋；77：中东太平洋；81：西南太平洋；87：东南太平洋。

图 4-1　1970～2010 年各年代末全球三大洋渔区过度捕捞的种群比例

随着捕捞强度的加大，在 20 世纪 80 年代，北大西洋过度捕捞损失的产量持续上升，西北大西洋和东北大西洋分别为 $819 \times 10^4 t$ 和 $630 \times 10^4 t$（表 4-2）。此外，东南太平洋和东南大西洋损失的产量在 80 年代也出现加剧，分别达到 $4011 \times 10^4 t$ 和 $1697 \times 10^4 t$（表 4-2）。中东大西洋、西南大西洋、西北太平洋、东北太平洋和中东太平洋过度捕捞的种群比例分别为 20%、24%、29%、24% 和 24%，其损失的产量分别为 $120 \times 10^4 t$、$28 \times 10^4 t$、$134 \times 10^4 t$、$220 \times 10^4 t$ 和 $44 \times 10^4 t$。其他渔区在 20 世纪 80 年代过度捕捞的种群比例均小于 20%。

随着全球捕捞量自 20 世纪 80 年代后期开始呈下降趋势，过度捕捞损失的产量在 20 世纪 90 年代进一步加剧。20 世纪 90 年代，西北大西洋过度捕捞损失的产量上升至第 2 位，达到 1750×10^4 t；东南大西洋和西北太平洋过度捕捞损失的产量分别大幅上升至 1936×10^4 t 和 1480×10^4 t，分别排在第 1 位和第 3 位（表 4-2）。中西大西洋和西南太平洋约 32％的种群遭到过度捕捞，分别造成 74×10^4 t 和 32×10^4 t 的产量损失。但是，中东大西洋和东北太平洋过度捕捞损失的产量在 20 世纪 80 年代至 90 年代趋于稳定，且东北大西洋和东南太平洋过度捕捞损失的产量在 20 世纪 90 年代出现下降（表 4-2）。

在 21 世纪初，东南大西洋过度捕捞损失的产量趋于稳定；而东北大西洋和西北太平洋的产量损失则分别大幅上升至 851×10^4 t 和 2848×10^4 t；东南太平洋的产量损失达到峰值，约为 3282×10^4 t。随着捕捞努力量的持续上升，其他渔区的产量损失呈逐步上升趋势。由于本研究将产量在达到最高产量后连续 10 年或共 15 年低于最高产量 50％的种群视为遭到过度捕捞，因此对 21 世纪初过度捕捞种群比例的估算较为保守。在 21 世纪初，中西大西洋约 20％的种群遭到过度捕捞；而印度洋渔业资源并未遭到严重的过度开发，西印度洋和东印度洋过度捕捞的种群比例分别为 9％和 13％。

表 4-2   全球三大洋渔区 1970～2010 年各年代的产量损失（$\times 10^4$ t）

FAO 渔区	70 年代	80 年代	90 年代	21 世纪初
西北大西洋	181	819	1750	2063
东北大西洋	488	630	449	851
中西大西洋	13	38	74	172
中东大西洋	5	121	112	125
西南大西洋	19	28	83	131
东南大西洋	564	1697	1936	1811
西印度洋	0.5	2	9	20
东印度洋	0.2	10	11	18
西北太平洋	59	134	1480	2848
东北太平洋	176	220	219	270
中西太平洋	92	74	125	202
中东太平洋	14	44	168	232
西南太平洋	0.9	7	32	50
东南太平洋	2468	4011	1412	3282

4.2.3　全球海洋渔业开发状态和经济损失

生态系统中不同群落组成的开发历程和开发状态显著不同。通过核算过度捕捞造成的海洋生态系统中不同类别资源损失的产量后发现，在全球三大洋 14 个渔区中，中小型中上层鱼类损失的产量最高，达到 26504×10^4 t；之后是底层鱼类、无脊椎动物以及大洋性和深海鱼类，过度捕捞损失的产量分别为 4305×10^4 t、2053×10^4 t 和 422×10^4 t。表 4-3 列出了全球三大洋 14 个渔区 4 大类渔业资源 2010 年损失的产量占该大类资源实际产量的比例，研究发现，中小型中上层鱼类、底层鱼类、无脊椎动物以及大洋性和深海鱼类的比例分别为 29%、7%、9% 和 2%。

表 4-3　全球三大洋渔区 4 大类资源 1950~2010 年损失的总产量

以及 2010 年损失的产量占实际产量的比例

FAO 渔区	渔获类别	1950~2010 年损失的总产量/$\times 10^4$ t	2010 年损失的产量比例/%
全球海域	底层鱼类	4305	7
	中小型中上层鱼类	26504	29
	无脊椎动物	2053	9
	大洋性和深海鱼类	422	2
西北大西洋	底层鱼类	2960	195
	中小型中上层鱼类	1363	43
	无脊椎动物	696	15
	大洋性和深海鱼类	24	48
东北大西洋	底层鱼类	296	3
	中小型中上层鱼类	2166	29
	无脊椎动物	42	11
	大洋性和深海鱼类	44	3
中西大西洋	底层鱼类	91	13
	中小型中上层鱼类	83	9
	无脊椎动物	80	8
	大洋性和深海鱼类	68	20

续表

FAO 渔区	渔获类别	1950~2010 年损失的总产量/×10⁴t	2010 年损失的产量比例/%
中东大西洋	底层鱼类	77	3
	中小型中上层鱼类	191	1
	无脊椎动物	82	27
	大洋性和深海鱼类	30	2
西南大西洋	底层鱼类	53	1
	中小型中上层鱼类	122	3
	无脊椎动物	52	8
	大洋性和深海鱼类	52	11
东南大西洋	底层鱼类	8	2
	中小型中上层鱼类	6104	244
	无脊椎动物	53	90
	大洋性和深海鱼类	51	10
西印度洋	底层鱼类	5	0.1
	中小型中上层鱼类	29	2
	无脊椎动物	0.6	0.1
	大洋性和深海鱼类	0.4	0.04
东印度洋	底层鱼类	3	0.1
	中小型中上层鱼类	4	0.07
	无脊椎动物	34	1
	大洋性和深海鱼类	0.1	0.003
西北太平洋	底层鱼类	476	2
	中小型中上层鱼类	3948	48
	无脊椎动物	376	7
	大洋性和深海鱼类	24	1
东北太平洋	底层鱼类	55	1
	中小型中上层鱼类	819	116
	无脊椎动物	76	40
	大洋性和深海鱼类	30	16

续表

FAO渔区	渔获类别	1950~2010 年损失的总产量/×10⁴t	2010 年损失的产量比例/%
中西太平洋	底层鱼类	46	1
	中小型中上层鱼类	175	2
	无脊椎动物	296	9
	大洋性和深海鱼类	0.09	0.002
中东太平洋	底层鱼类	183	21
	中小型中上层鱼类	293	13
	无脊椎动物	17	3
	大洋性和深海鱼类	2	0.2
西南太平洋	底层鱼类	12	3
	中小型中上层鱼类	4	5
	无脊椎动物	75	69
	大洋性和深海鱼类	4	2
东南太平洋	底层鱼类	38	3
	中小型中上层鱼类	11202	35
	无脊椎动物	174	6
	大洋性和深海鱼类	93	5

　　通过进一步探究 2010 年全球三大洋各渔区 4 大类渔业资源损失的产量占该大类资源实际产量的比例，本书研究发现，西北大西洋遭受严重损失，2010 年底层鱼类、大洋性和深海鱼类、中小型中上层鱼类和无脊椎动物损失的产量分别占各类资源实际产量的 195%、48%、43% 和 15%。但是，东北大西洋和东南大西洋损失的产量主要来自中小型中上层鱼类和无脊椎动物，中小型中上层鱼类的比例在上述 2 个渔区中分别为 29% 和 244%，无脊椎动物的比例分别为 11% 和 90%。在中西大西洋中，2010 年底层鱼类以及大洋性和深海鱼类损失的产量比例分别为 13% 和 20%。在中东大西洋和西南太平洋中，无脊椎动物损失的产量比例分别占 27% 和 69%。西南大西洋大洋性和深海鱼类损失的产量比例为 11%；西北太平洋、东北太平洋和东南太平洋中小型中上层鱼类损失的产量比例分别为 48%、116% 和 35%；中东太平洋底层鱼类和中小型中上层鱼类损失的产量比例分别为 21% 和 13%。然而，2010 年印度洋和中西太平洋 4 大类资源损失的产量比例均小于 10%（表 4-3）。

　　表4-4列出了全球14个渔区1950～2010年过度捕捞造成的经济损失。过度
捕捞造成全球14个渔区损失的总经济效益高达2989亿美元。由于其巨大的产量
损失,西北大西洋、东南太平洋、西北太平洋、东南大西洋和东北大西洋过度捕
捞损失的经济效益分别达到966亿美元、561亿美元、396亿美元、383亿美元
和176亿美元。而西南太平洋和印度洋的经济损失较低,仅处于4亿～32亿美
元。其他渔区过度捕捞损失的经济效益处于50亿～107亿美元。

**表 4-4　全球三大洋渔区 1950～2010 年损失的总经济效益以及
2010 年损失的经济效益占实际收益的比例**

FAO渔区	1950～2010 年损失的 总经济效益/亿美元	2010 年损失的 经济比例 /%
全球海域	2989	12
西北大西洋	966	35
东北大西洋	176	12
中西大西洋	107	15
中东大西洋	86	7
西南大西洋	50	5
东南大西洋	383	67
西印度洋	4	0.5
东印度洋	17	0.8
西北太平洋	396	9
东北太平洋	93	21
中西太平洋	66	2
中东太平洋	52	9
西南太平洋	32	13
东南太平洋	561	27

　　表4-4还列出了2010年全球三大洋各渔区过度捕捞损失的经济效益占其总
收益的比例。从全球来看,2010年过度捕捞损失的收益占实际总收益的12%。
从各渔区来看,东南大西洋、西北大西洋和东南太平洋的经济损失比例排在前3
位,分别为67%、35%和27%;而中西太平洋和印度洋的经济损失比例均小于
2%;其余渔区的经济损失比例在5%～21%。

4.3　讨论与分析

　　渔业资源的过度开发长期以来被视为重要的社会经济问题(The World Bank
和FAO,2009)。全球捕捞量作为人类从渔业中获得经济效益的指标,捕捞量降

低意味着经济效益遭受损失(Ye et al.，2013)。通过核算全球三大洋过度捕捞造成的捕捞量和经济效益的损失，进一步论证了过度捕捞造成目前全球海洋渔业资源的衰退，为掌握全球海洋渔业开发历程和开发状态提供了新的视角。基于Srinivasan 等(2008，2010，2012)的保守估算方法，本书研究发现，全球三大洋35%的种群遭到过度捕捞。由于本研究中的过度捕捞的种群包括曾经处于过度开发和衰退状态但目前恢复至充分开发和恢复状态的种群，因此过度捕捞种群比例与近期研究(28%~33%的种群遭到过度捕捞)相比更为保守。1950~2010 年过度捕捞造成全球三大洋损失的产量高达 33284×10^4 t，其经济损失达到 2989 亿美元。

　　海洋生态系统的历史数据表明，高强度的渔业开发会大幅降低目标种群的资源量并显著降低海洋生物多样性(Pauly et al.，1998；Myers 和 Worm，2003；Butchart et al.，2010)。21 世纪初的全球海洋捕捞量是 20 世纪 50 年代的 3 倍，全球海洋渔业由北大西洋逐步向南半球海域扩张(Swartz et al.，2010)。西北大西洋、西北太平洋和东北大西洋高达一半的种群遭到过度捕捞(表 4-1)，在全球三大洋 14 个渔区中，这三个渔区过度捕捞损失的总产量分别排在第 3、第 4 和第5 位。西北大西洋的严重产量损失主要由于底层鱼类的衰退，如大西洋鳕(*Gadus morhua*)、美洲拟庸鲽(*Hippoglossoides platessoides*)和平鲉属(*Sebastes* spp.)，海洋生态系统由 20 世纪 70 年代的以底层鱼类为主逐步转变为 21 世纪初的以无脊椎动物和中上层鱼类为主，生态系统机制发生转变(regime shift)(FAO，2011)。此外，无脊椎动物产量损失的上升可视作对管理者的一种警示，管理者需采取措施防止无脊椎动物资源的衰退(Foley，2013)。东北大西洋主要渔获种类已从传统种类如大西洋鳕和黑线鳕(*Melanogrammus aeglefinus*)转变为先前价值较低的玉筋鱼属(*Ammodytes* spp.)和蓝鳕(*Micromesistius poutassou*)等种类。毛鳞鱼(*Mallotus villosus*)产量的剧烈下降以及底层鱼类如挪威长臂鳕(*Trisopterus esmarkii*)和平鲉属的衰退导致东北大西洋的产量损失在 21 世纪初大幅上升(FAO，2011)。尽管西北太平洋近年来实施了一系列渔业管理措施，但捕捞能力过剩仍是目前该海域的一个主要问题，西北太平洋单位捕捞努力渔获量CPUE 自 20 世纪 90 年代末开始迅速下降(Watson 和 Cheung，2013)。西北太平洋捕捞量在 20 世纪 80 年代末达到最高值，之后呈逐步下降趋势，因此造成其产量损失自 20 世纪 90 年代开始大幅上升。西北太平洋许多重要的底层鱼类如大黄鱼(*Larimichthys croceus*)遭到过度捕捞(FAO，2011)；此外，曾经作为世界上最大单种群渔业之一的太平洋沙丁鱼(*Sardinops sagax*)目前已处于过度捕捞状态，且太平洋沙丁鱼产量自 20 世纪 90 年代中期以来一直处于极低的水平，导致西北太平洋的产量损失自 20 世纪 90 年代以来大幅上升。

基于渔获统计的种群开发状况评估方法被广泛用于评估全球渔业资源的开发状况(Kleisner et al.，2013；Tsikliras et al.，2013，2015)。但是，前人研究通常仅关注过度捕捞的种群比例，而忽略了过度捕捞造成的产量损失。本研究将基于渔获统计的评估方法应用于全球三大洋 14 个渔区中，发现东南大西洋、东北太平洋、中东太平洋和东南太平洋过度捕捞的种群比例均在 40%～50%。但是，2010 年东南大西洋过度捕捞损失的产量占其实际产量的 138%，而东北太平洋、中东太平洋和东南太平洋损失的产量比例仅分别为 15%、10% 和 29%。小型中上层鱼类在东南大西洋产量中的比例最高，南美拟沙丁鱼(*Sardinops ocellatus*)资源的衰退导致东南大西洋的产量损失在 20 世纪 80 年代稳定上升，但是在纳米比亚和安哥拉对渔获量进行严格控制管理下，南美拟沙丁鱼的资源状态得到恢复，并使得东南大西洋的产量损失在 21 世纪初出现下降(FAO，2011)。东北太平洋渔业经历了一系列的管理措施以降低捕捞努力至可持续水平，进而使得该海域大多数渔业的产量维持稳定(FAO，2014a)；由于平鲉属被过度开发，其东北太平洋的产量损失在 20 世纪 80 年代出现显著上升，且该资源至今仍未恢复(FAO，2011)。中东太平洋产量主要由中小型中上层鱼类组成，高捕捞强度和不利的环境因素导致加利弗尼亚鳀(*Engraulis mordax*)自 20 世纪 80 年代初出现衰退(FAO，2011)，进而导致中东太平洋的产量损失在 20 世纪 80～90 年代出现迅速上升，但该海域的产量损失在 21 世纪初趋于稳定。FAO(2011)研究表明，在全球 FAO 渔区中，中东太平洋未充分开发的种群比例最高，2009 年约为 38%，这些未充分开发的种群为该海域产量的上升提供了空间。东南太平洋的产量损失主要来自小型中上层鱼类，高强度的捕捞努力量和自然环境波动导致其产量损失出现大幅年际波动。由于世界最大单种群渔业——秘鲁鳀鱼产量的衰退(Pauly et al.，2002)，东南太平洋的产量损失在 20 世纪 70 年代和 80 年代处于三大洋所有渔区的首位；受 20 世纪 80 年代的高强度捕捞和环境驱使的资源量长期波动，南美拟沙丁鱼资源出现衰退(Schwartzlose et al.，1999)，并导致东南太平洋的产量损失在 21 世纪初大幅上升。

中西大西洋、中东大西洋、西南大西洋和西南太平洋过度捕捞的种群比例均在 35% 左右，但过度捕捞造成各渔区不同类别资源的产量损失显著不同。中东大西洋产量主要由小型中上层鱼类组成，且其中上层鱼类并未遭受严重的过度捕捞，资源大体上处于充分开发状态(FAO，2011)。然而，中东大西洋无脊椎动物的资源状况更为严峻，与小型中上层鱼类相比，其损失的产量比例更高。由于大鳞油鲱(*Brevoortia patronus*)产量的降低，中西大西洋捕捞量自 1984 年开始逐步下降；但近期研究认为，其资源量处于目标参考点和极限参考点之间，目前未遭受过度捕捞(Vaughan et al.，2007)。尽管中西大西洋未遭受严重的过度捕捞损失，但该海域大多数种群的开发状态具有较大的不确定性，随着捕捞强度的上升，改善数据质量从而完善资源评估以降低不确定性非常必要(FAO，2011)。西南大西洋和西南太平洋产量在 20 世纪 90 年代达到最高值，其中西南大西洋渔业资源自 20 世纪 80 年代开始处于加速开发状态，底层鱼类和头足类是该海域的主要渔获种类。尽管西南大西洋未遭受严重的过度捕捞损失，过剩的捕捞努力量导致其主要目标中上层鱼类如巴西小沙丁鱼(*Sardinella brasiliensis*)遭到过度开发，且种群未出现恢复迹象(FAO，2011)。西南太平洋的沿海国有澳大利亚和新西兰，这两个国家的渔业管理通常被作为良好的示范(Pitcher et al.，2009a)。西南太平洋产量损失主要来自无脊椎动物的过度开发，但大多数渔业已采取渔业管理措施以促使资源恢复至目标水平(FAO，2011)。

尽管中西太平洋和印度洋目前处于高强度捕捞压力下，但产量的持续上升使得上述海域的产量损失较低。需要注意的是，与其他区域相比，中西太平洋和印度洋海域的大多数国家的数据收集和资源评估能力较弱，缺乏配套的渔业管理措施(Mora et al.，2009)。此外，近期研究发现，东印度洋和西印度洋的 CPUE 均呈下降趋势，迫切需要加强资源的动态监测(Watson et al.，2013)。

由于全球海洋渔业经济健康状态信息的缺乏，核算过度捕捞造成的经济损失至关重要(The World Bank 和 FAO，2009)。通过在全球范围内核算过度捕捞造成的产量和经济效益的损失，本书研究发现，高强度的渔业开发导致全球海洋渔业遭受严重的产量和经济损失，特别是在北半球海域。低价值而资源量丰富的中小型中上层鱼类损失的产量最高，而有效的渔业管理和适宜的环境条件能降低过度捕捞的产量损失。

全球范围内渔业资源的持续衰退不仅由于人类对资源的高强度开发，其他因素如气候变化和环境污染也是造成资源衰退的重要原因(Pitcher 和 Cheung，2013)，但是人类捕捞活动被认为是造成海洋渔业资源持续衰退最主要的单一因素(The World Bank 和 FAO，2009)。随着世界人口的持续增长，未来渔业资源所能提供的效益主要取决于资源的恢复和管理状况。掌握避免资源过度开发所带来的潜在和实际经济效益，有助于采取渔业管理措施以促使渔业资源的可持续开发。

第5章 社会经济因素对海洋渔业资源开发利用的影响

　　过度捕捞已成为海洋生态系统管理、生物多样性维持和避免生态系统功能损害的最严重问题之一(Worm et al.，2009；Halpern et al.，2012)。高捕捞强度导致全球1/3的渔业资源处于过度开发或衰退状态(Branch et al.，2011；FAO，2016)，但是全球渔业中也存在很多已衰退种群得到成功恢复的案例(Gelcich et al.，2008；Kleisner et al.，2013)。前人研究发现，若大幅降低资源开发率且资源量仍高于受到阿利效应(Allee effect)影响的阈值，衰退的种群能够得到恢复(Worm et al.，2009；Kuparinen et al.，2014；Hutchings，2015)。

　　恢复过度开发的种群对海洋生物保护至关重要(Worm et al.，2009)。目前海洋保护研究主要集中在海洋渔业资源恢复的生物学方面(Balmford和Cowling，2006；Sumaila et al.，2012；Ye et al.，2013)以及评价捕捞活动对目标种群的影响(Branch et al.，2011)，而探讨社会经济发展对海洋生态影响的研究却较为缺乏。Balmford和Cowling(2006)认为，若想超越对资源衰退具体原因的探讨而进一步掌握其潜在驱动因素，关键在于增进对非生物因素的认识；且在保护生物学中，处理过度开发造成的威胁对跨学科研究的需求日益增长。库兹涅茨倒"U"形假说(Kuznets inverted U-hypothesis)认为，环境质量和经济发展水平呈倒"U"形的曲线关系，称为环境库兹涅茨曲线(EKC)(Grossman和Krueger，1995)。随着经济的增长，环境状况先逐步恶化，当经济发展达到一定水平后，环境状况逐步得到改善(Grossman和Krueger，1995；Dinda，2004)。一些学者进行跨学科研究，探究生物多样性的环境库兹涅茨曲线(Naidoo和Adamowicz，2001；Clausen和York，2008b；Mills和Waite，2009)，这些探究造成生物多样性损失的驱动因素的跨学科研究对于制定全面的保护措施至关重要。

　　观测海洋生物多样性的变化趋势为掌握海洋生态系统开发状态提供了一个重要的视角(Shannon et al.，2009；Butchart et al.，2010)。Clausen和York(2008a)将渔获物平均营养级作为海洋生物多样性指标，开展跨国分析，评估了社会经济因素对海洋生物多样性的影响。该研究认为，经济增长、城镇化水平的提高和人口增长会损害全球海洋生物多样性，然而由于数据的限制，在该研究的面板模型中，部分国家的部分年份数据缺失。此外，MTL作为海洋生物多样性和渔业可持续性指标的有效性在近年来受到质疑，且 MTL 呈恢复上升趋势并不一定表明资源得到恢复（Branch et al.，2010；Stergiou 和 Tsikliras，2011）。

运用环境库兹涅茨曲线理论，本章通过对全球 122 个沿海国开展跨国时间序列分析，探讨了社会经济发展对海洋生态系统的影响。研究构建包含 122 个沿海国 1950～2010 年所有年份数据的平衡面板数据模型，通过分析非生物因素与广泛用于渔业评估中的 4 个生态指标：专属经济区（EEZ）产量、渔获物平均营养级 MTL、所需初级生产力（primary production required，PPR）占初级生产力（primary production，PP）的比例%PPR（PPR/PP）、生态系统过度捕捞指数［也称"次级生产力损失指数（loss in secondary production index）"，L 指数］之间的关系，从而掌握经济发展和人口增长对海洋生态系统的影响。由于人均 GDP 和城镇化水平在多项式模型中高度相关，因此研究模型中未包括城镇化水平，而是重点探讨生态指标与人口经济因素之间的关系。需要指出的是，本研究旨在探讨导致资源衰退的驱动因素，而并非评估种群资源量和生态系统结构的变化情况。

5.1　材料与方法

5.1.1　研究指标和数据来源

通过分析 1970～2010 年 EEZ 产量、MTL、%PPR 和 L 指数的变化趋势来反映海洋生态系统的变化情况，模型包括了 122 个变量数据完整的沿海国。2010 年，上述 122 个沿海国人口数量占全球人口总数的 88%，捕捞量占全球总捕捞量的 89%。

渔获物平均营养级作为综合评估捕捞活动对海洋生态系统影响的指标，用于衡量渔获物从长寿命、高营养级底层肉食性鱼类逐步向短寿命、低营养级中上层鱼类和无脊椎动物转变（Pauly et al.，1998）。渔获物平均营养级的降低通常作为渔业资源过度捕捞、渔业非可持续性开发和高营养级种类逐步衰退的标志（Pauly et al.，1998；Pauly 和 Watson，2005）。渔获物平均营养级由 Pauly 等（1998）的公式计算得出：

$$\mathrm{MTL}_i = \frac{\sum_{ij} \mathrm{TL}_j Y_{ij}}{\sum Y_{ij}} \tag{5-1}$$

式中，MTL_i 为 i 年的渔获物平均营养级，TL_j 是渔获种类 j 的营养级，Y_{ij} 是渔

获种类 j 第 i 年的渔获量。

维持海洋捕捞量所需初级生产力(PPR)估算了补偿从海洋生态系统中提取的鱼类生物量所需要的初级生产力(Pauly 和 Christensen，1995)。PPR 可以表示为生态系统的单位初级生产力，用相对 PPR(%PPR)来度量(Pauly 和 Christensen，1995)。作为渔业生态足迹的常用指标，%PPR 能够量化全球海洋生态系统的捕捞压力，%PPR 的值越小，表明对海洋生态系统的压力越小(Pauly 和 Christensen，1995；Swartz et al.，2010；Coll et al.，2013a)。此外，还可以运用不同的 %PPR 阈值来定义渔业开发状态(Swartz et al.，2010)。PPR 的计算公式为

$$\text{PPR} = \sum_i \left[\frac{Y_i}{\text{CR}} \cdot \left(\frac{1}{\text{TE}} \right)^{\text{TL}_i - 1} \right] \tag{5-2}$$

式中，Y_i 是渔获种类 i 的渔获量，CR 是碳的湿重转化率，TE 是营养级之间的能量转化效率，TL_i 是渔获种类 i 的营养级。

次级生产力损失指数(L 指数)用于综合评估捕捞造成的生态系统变化(Coll et al.，2008，2013a；Libralato et al.，2008)。该指数基于如下理念：渔获量表示无法在海洋生态系统中继续利用的物质和能量的净输出。L 指数的值越大，则生态系统脆弱性越高(Libralato et al.，2008)。L 指数同时考虑了生态系统属性 PP、TE 和人类捕捞行为(MTL 和 PPR)。L 指数的计算公式为

$$L = -\frac{\text{PPR} \cdot \text{TE}^{\text{MTL}-1}}{\text{PP} \cdot \ln \text{TE}} \tag{5-3}$$

L 指数可以根据 PPR、PP 和 MTL 计算得出。MTL 和 %PPR 旨在评估从生态系统中索取的物质和能量，而 L 指数则旨在评估从食物网提取这些物质和能量所引发的结果。根据 L 指数的频率分布，可以计算出每个生态系统被划分为可持续开发的概率(p_{sust})。通过选取参考点 $p_{\text{sust}} = 50\%$、$p_{\text{sust}} = 75\%$ 和 $p_{\text{sust}} = 95\%$，相应的 L 指数分别为 $L_{50\%} = 0.054$、$L_{75\%} = 0.021$、$L_{95\%} = 0.007$(Libralato et al.，2008)。

各沿海国 EEZ 产量、总产量、MTL、%PPR 和 FiB 的数据取自 Sea Around Us project(data version 1.40)(Pauly 和 Zeller，2015)。各沿海国的 L 指数根据 Sea Around Us project 数据库提供的 MTL、PPR 和 PP 数据计算得出。本研究中，TE 等于全球平均水平 10%(Pauly 和 Christensen，1995)。各沿海国的产量比(catch ratio)等于其海洋总捕捞量与 EEZ 产量的比值。人均 GDP 数据取自联合国粮食及农业组织(http://faostat3.fao.org/home/E)。FAO 数据库的人均 GDP 数据来源于多个国际组织，包括美国农业部(United States Department of Agriculture，USDA)、世界贸易组织(World Trade Organization，WTO)、世界

银行(World Bank)、国际货币基金组织(International Monetary Fund，IMF)、国际能源署(International Energy Agency，IEA)和联合国统计司(United Nations Statistics Division，UNSD)，能够提供更为完整的数据信息。人口数据取自世界银行(http://www.worldbank.org/)。

5.1.2　面板模型分析

Clausen 和 York(2008a)首次构建了包含 2 个独立面板模型的路径模型(path model)，该模型评估了人类社会因素对 EEZ 产量和 MTL 的直接和间接效应。根据 Clausen 和 York(2008a)的研究，本书构建了 EEZ 产量、MTL、%PPR 和 L 指数模型以评估经济增长和人口数量对海洋渔业可持续性的影响(图 5-1)。EEZ 产量模型是单路径分析模型，其中各沿海国的 EEZ 产量是因变量，各沿海国的人口数量、人均 GDP 和产量比是自变量[图 5-1(a)]。考虑到产量是影响海洋生态系统生物多样性和可持续性的直接驱动因素，本书建立了 MTL 递归模型。在 MTL 模型中，MTL 是因变量，EEZ 产量、人口、GDP 和 FiB 是自变量[图 5-1(b)]。递归模型在估算 2 个独立面板模型的基础上进一步结合两个模型的结果，同样以 EEZ 产量作为社会结构因素(经济增长和人口数量)和生态指标之间的关键中间因素，构建出%PPR 和 L 指数的两阶段路径模型。在%PPR 和 L 指数模型中，自变量均为 EEZ 产量、人口数量和人均 GDP[图 5-1(c)]。由于 MTL、%PPR 和 L 指数模型的递归结构，该模型同时估算了多个因素对 MTL、%PPR 和 L 指数的直接和间接影响。各因素对每个生态指标的总影响(包括直接和间接影响)由 EEZ 产量模型和 MTL/%PPR/L 指数模型的系数计算得出。

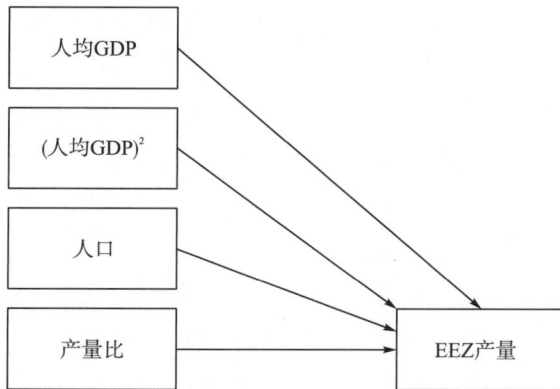

(a)EEZ 产量模型

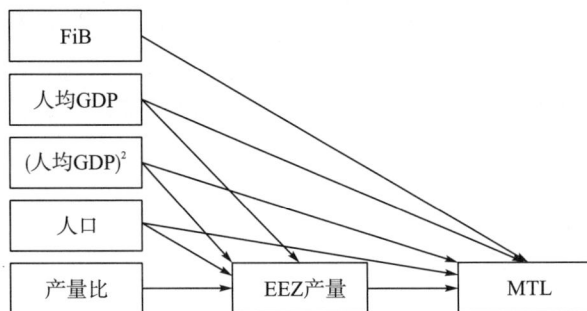

（b）MTL 模型

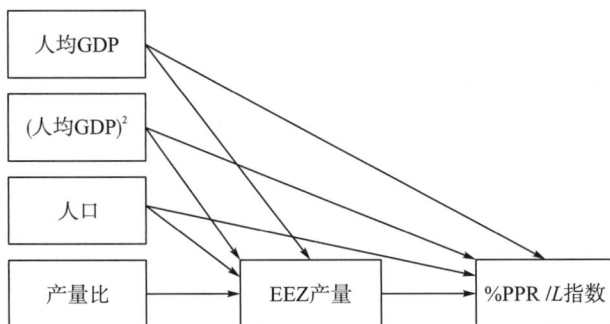

（c）％PPR/L 指数模型

图 5-1　路径模型结构图

　　各模型均依据面板模型的估算过程进行评估。面板数据同时包含了截面数据和时间数据，且模型形式决定了参数估计的准确性，因此模型形式的正确设定至关重要。根据豪斯曼检验，面板数据选择"固定效应"模型（Wooldridge，2010）。本书进一步修正了模型异方差，若未修正可能会造成回归结果的偏差（Wooldridge，2010）。自相关性是时间序列数据的常见问题，因此本书修正了模型的一阶自相关 AR(1)。评估人类社会结构与海洋生态可持续性关系的模型如下：

$$y_{it} = \beta_1(x_{it1}) + \beta_2(x_{it2}) + \cdots + \beta_k(x_{itk}) + u_i + w_t + e_{it} \qquad (5\text{-}4)$$

式中，y 是因变量；x 是自变量；β_k 是自变量 k 的系数；u 是国家扰动项，其不随时间变化；w 是各年份的虚拟变量，在各年份中不随国家变化；e 是模型的随机项。下标 i 表示国家，t 表示年份。

　　依据 Clausen 和 York（2008a）的研究，将模型中的 EEZ 产量和人口数量除以其专属经济区面积，并对除 FiB、MTL、％PPR 和 L 指数外的所有变量取自然对数。此外，本书同样在 EEZ 产量模型中加入"产量比"变量来控制专属经济区与其他作业海域的捕捞努力量，并在 MTL 模型中加入 FiB 以控制渔业地理扩张的影响（Bhathal 和 Pauly，2008；Clausen 和 York，2008a）。人类生态学为掌握人类与环境关系提供了独特的视角，认为人口因素在解释环境影响时发挥着至关重要的作用（Dunlap 和 Catton，1983；Dietz 和 Rosa，1984；Clausen 和 York，2008b）。因此，尽管本书旨在探究经济增长对海洋生态系统的影响，但仍在模型中加入人口数量作为变量，评价人口数量对经济增长和生态关系的影响。本书在模型中加入人均 GDP 的平方项以检验经济 EKC 假说。

5.2　研 究 结 果

5.2.1　EEZ 产量模型

EEZ 产量模型中所有对数转化后的变量均显著（表 5-1）。其系数可以解释为弹性，表示自变量变化 1% 引起 EEZ 产量的百分比变化。产量比的系数表示在其他变量不变的情况下，产量比增加 1% 会导致 EEZ 产量降低 0.343%，这表明加大专属经济区外的捕捞量能够显著降低专属经济区内的产量。本书进一步探究了122 个沿海国的产量中来自其所属专属经济区外的产量，约 80% 来自其他国家的专属经济区。人口数量与 EEZ 产量呈正相关关系；人口数量的弹性系数是0.744，表示人口数量增加 1% 会引起 EEZ 产量增加 0.744%（表 5-1）。为了检验经济 EKC 理论，在模型中加入人均 GDP 的平方项以获得非单调的关系。研究发现，人均 GDP 的平方项与 EEZ 产量具有显著负相关关系，EEZ 产量与人均 GDP呈倒"U"的关系，EEZ 产量在经济发展初期逐步上升，并在人均 GDP 上升至约15000 美元时达到最高值；之后，随着经济的继续增长，产量小幅下降[图 5-2(a)]。本书所包含的 122 个国家中，2010 年约 22.1% 的国家人均 GDP 超过该转折点。

表 5-1　EEZ 产量、渔获物平均营养级 MTL、所需初级生产力占初级生产力的比例 %PPR 和次级生产力损失指数 L 指数的面板模型评估结果

自变量	EEZ 产量模型系数 （SE，P 值）	MTL 模型系数 （SE，P 值）	%PPR 模型系数 （SE，P 值）	L 指数模型系数 （SE，P 值）
人均 GDP	1.179 （0.0908，<0.001）	0.0345 （0.0144，<0.05）	0.516 （0.0558，<0.001）	0.0689 （0.00893，<0.001）
（人均 GDP）^{2}	−0.0612 （0.00515，<0.001）	−0.00237 （0.00104，<0.05）	−0.0270 （0.00346，<0.001）	−0.00345 （0.000604，<0.001）
人口	0.744 （0.0340，<0.001）	0.0205 （0.0154，>0.05）	0.0844 （0.0303，<0.01）	0.0104 （0.00299，<0.001）
产量比	−0.343 （0.0246，<0.001）			
FiB		0.383 （0.00905，<0.001）		

续表

自变量	EEZ 产量模型系数 (SE，P 值)	MTL 模型系数 (SE，P 值)	%PPR 模型系数 (SE，P 值)	L 指数模型系数 (SE，P 值)
EEZ 产量		−0.341 (0.0140，<0.001)	0.218 (0.0181，<0.001)	0.0353 (0.00297，<0.01)
R^2	0.320	0.796	0.378	0.252

5.2.2　MTL 模型

与 EEZ 产量模型不同，MTL、%PPR 和 L 指数模型中并不是所有变量均转化为对数形式。此外，上述三个模型的两阶段递归结构包括了直接和间接效应，因此其模型系数的含义为：自变量变化 1 倍(初始单位，未经过对数转换)引起MTL、%PPR、L 指数的变化情况。在 MTL 模型中，EEZ 产量对 MTL 具有负效应，EEZ 产量增加 1 倍会导致 MTL 降低 0.237，均属于直接效应。产量比仅对 MTL 具有间接效应，产量比增加 1 倍会引起 MTL 上升 0.0812。人口数量对MTL 具有直接和间接效应，但其直接效应在统计上不显著；人口数量对 MTL的总效应来自其间接效应，人口数量变化 1 倍导致 MTL 下降 0.176。与其他变量不同，MTL 和 FiB 均未作对数处理，因此 FiB 对 MTL 具有直接且线性的影响。具体来说，FiB 增加 1 单位会导致 MTL 上升 0.383。由于模型中加入了人均GDP 的平方项，因此人均 GDP 对因变量具有非线性影响，本书用图形呈现。人均 GDP 对 MTL 具有非单调的总效应，在经济发展初期，MTL 大幅下降，但是在经济发展到一定水平后(人均 GDP 达到 20000 美元左右)，MTL 呈缓慢恢复上升趋势[图 5-2(b)]。2010 年，本书中 18.9% 的国家人均 GDP 超过该拐点。

5.2.3　%PPR 模型

%PPR 随着 EEZ 产量、人口数量和经济水平的增加而上升(表 5-1)。与MTL 模型不同，高%PPR 表示高捕捞强度和开发水平，模型系数为正值的自变量逐步上升会造成生态系统的衰退。EEZ 产量对%PPR 具有显著的正效应，产量增加 1 倍会导致%PPR 上升 15.1%。人口数量对%PPR 的总效应全部来自间接效应，人口数量增加 1 倍使得%PPR 上升 17.1%。经济增长的多项式函数表明%PPR 随着经济的增长而逐步上升，在人均 GDP 达到 14000 美元之后，人均GDP 的进一步上升会降低%PPR[图 5-2(c)]。2010 年，本书中 23.0% 的国家人均 GDP 超过该拐点。产量比对%PPR 具有负效应，产量比上升 1 倍会导致%PPR 下降 5.18%，其全部来自间接效应。

5.2.4　L 指数模型

L 指数越高表明生态系统退化越严重。表 5-1 列出了 L 指数模型的结果,研究发现,模型中所有的变量均对 L 指数具有显著影响。具体来说,EEZ 产量具有正效应,EEZ 产量上升 1 倍会引起 L 指数上升 0.0244;产量比具有负效应,产量比上升 1 倍会导致 L 指数下降 0.00839;人口数量具有显著正效应,表明人口数量多的国家比人口数量少的国家损失更高的次级生产力,人口数量上升 1 倍会使 L 指数上升 0.0254。经济增长对 L 指数具有直接和间接效应,图 5-2(d)表示了经济增长对 L 指数的总效应,研究表明,L 指数在经济发展的初期逐步上升,在人均 GDP 达到 19000 美元时,L 指数随着人均 GDP 的增加而逐步降低。本书中 19.7% 的国家人均 GDP 在 2010 年超过该转折点。

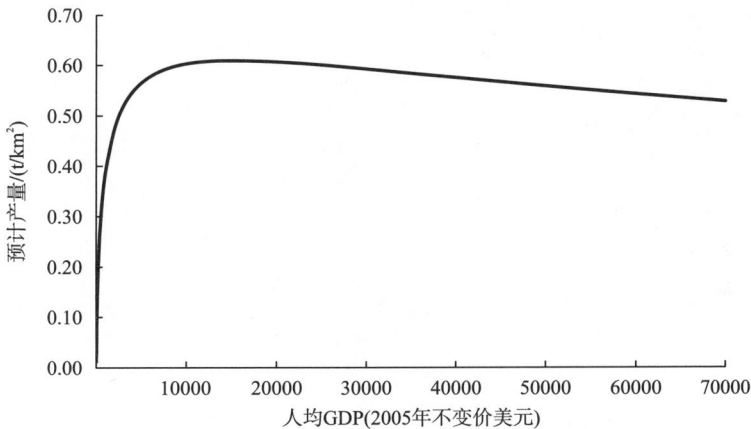

(a)

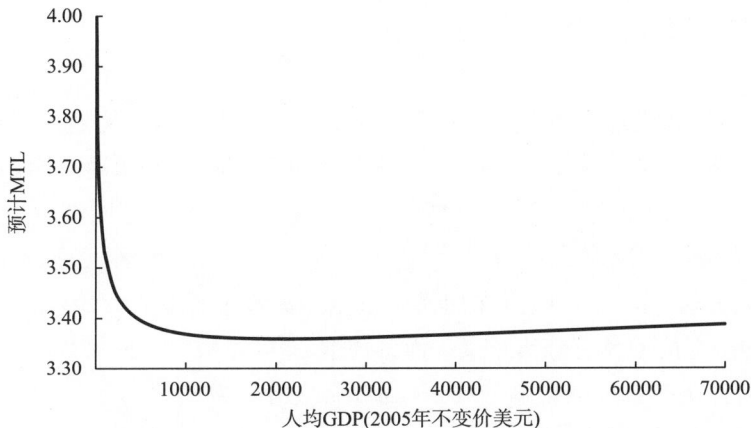

(b)

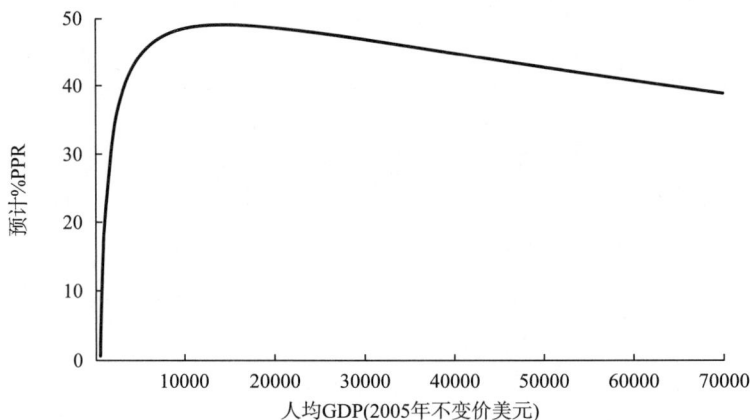

(c)

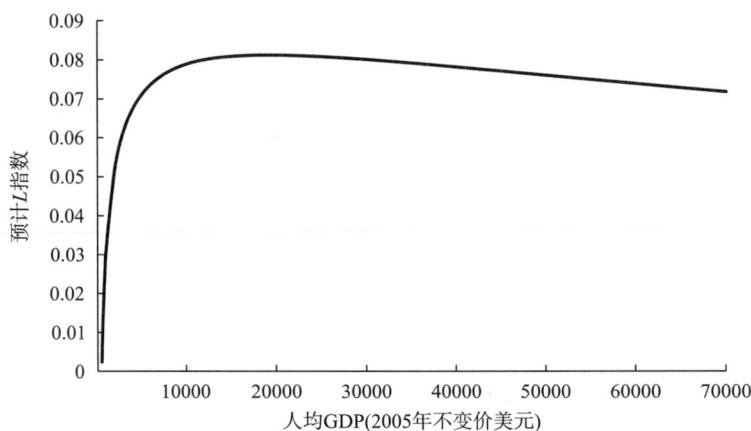

(d)

图 5-2　人均 GDP 与 EEZ 产量、MTL、%PPR、L 指数之间的关系

5.2.5　全球海洋渔业开发状态

　　当人均 GDP 达到 20000 美元时，研究中的 4 个生态指标均通过了经济 EKC 的转折点。图 5-3 表示了 2010 年人均 GDP 超过 20000 美元的沿海国。在 122 个沿海国中，仅 23 个国家人均 GDP 高于 20000 美元，分别位于欧洲（14 个）、北美洲（4 个）、亚洲（3 个）和大洋洲（2 个）。2010 年，上述 23 个国家的人口数量仅占全球人口数量的 13.6%，而海洋捕捞量占全球海洋捕捞量的 24.4%。EEZ 产量和 MTL 的特定值不具有分析意义，而%PPR 和 L 指数的不同阈值可用于量化捕捞活动对海洋生态系统的影响。%PPR 的 3 个资源开发阈值（10%、20% 和 30%）对应的人均 GDP 分别为 600 美元、1000 美元和 1600 美元[图 5-2（c）]；2010 年，

研究中约 87% 的沿海国人均 GDP 高于 600 美元。此外，$L_{50\%}$、$L_{75\%}$ 和 $L_{95\%}$ 对应的人均 GDP 分别为 2200 美元、700 美元和 500 美元[图 5-2(d)]；2010 年，研究中约 90% 的沿海国人均 GDP 高于 500 美元。

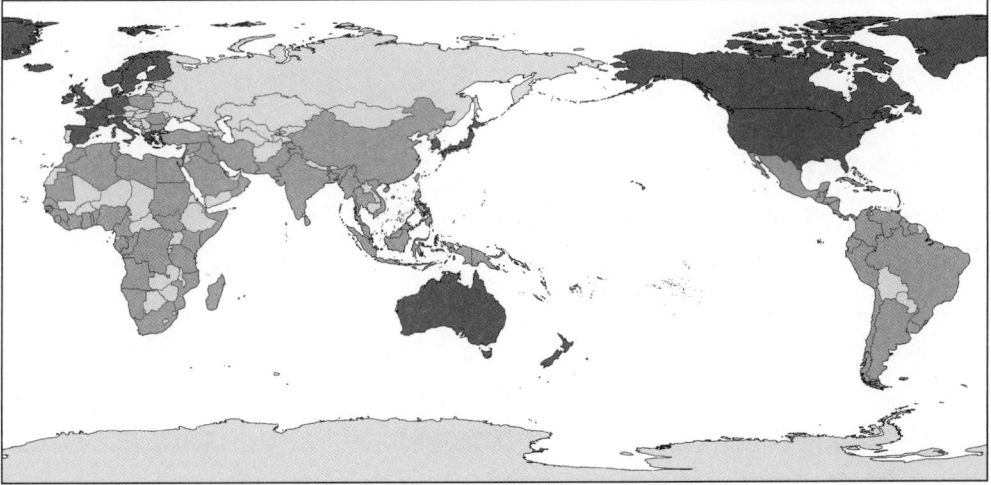

图 5-3　2010 年全球各国的人均 GDP(中等灰色表示人均 GDP 未超过 20000 美元，深灰色表示人均 GDP 超过 20000 美元，浅灰色表示的国家未包含在研究中)

5.3　讨论与分析

掌握人类社会结构对海洋生态系统的影响对海洋生物多样性保护至关重要(Balmford 和 Cowling，2006；Garcia 和 Rosenberg，2010)。本章通过在国家水平上分析社会经济因素与生态指标的关系，对 EKC 假说进行检验。在 Clausen 和 York(2008a)的研究中，仅 EEZ 产量遵循 EKC 假说，而本章研究发现，在经济发展的初期，随着人均 GDP 的上升，EEZ 产量、%PPR 和 L 指数逐步上升而 MTL 逐步下降。当经济发展达到一定水平后，国家有能力实施有效的管理措施，会使得 EEZ 产量、%PPR 和 L 指数降低且 MTL 稳定上升。上述关系表明经济增长和海洋生物多样性保护可以并行，即经济增长能够降低对环境的不良影响，符合生态现代化理论和环境库兹涅兹曲线假说。

全球海洋保护需要掌握影响海洋生态系统动态变化的潜在因素。人类对环境的不良影响在经济发展水平较高的国家出现降低，可能是以下几个原因：第一，目前已有一些国家和国际组织采取行动旨在避免海洋生态系统的进一步退化和确保海洋渔业的可持续开发，如美国海洋政策委员会(US Commission on Ocean Policy，2004)和负责任渔业行为守则(The Code of Conduct for Responsible

Fisheries)(FAO，1995)。近期研究表明，负责任渔业行为守则的有效实施具有积极的生态影响(Coll et al.，2013a)。此外，尽管海洋渔业资源经历了长期的过度开发，若大幅降低资源开发率且资源量高于最大资源量的10%，受损的海洋生态系统能够得到恢复(Worm et al.，2009；Hutchings，2015)。为促使渔业资源的可持续开发，某些区域采取降低资源开发率的管理措施以避免资源的过度捕捞。降低资源开发率可以通过多种管理手段实现，如限制渔具从而降低对非目标种类的兼捕，以及降低捕捞努力量和总可捕量(total allowable catch，TAC)，进而直接降低目标种类的开发率(Worm et al.，2009)。此外，建立海洋保护区(marine protect areas，MPAs)被视为缓解海洋生物多样性丧失的重要管理手段(Roberts et al.，2005；Worm et al.，2006，2009)。这些管理措施为海洋生态系统和种群的恢复提供了可能。

第二，全球海产品贸易为富裕国家的海产品消费作出了贡献，可在一定程度上减轻其专属经济区内的捕捞压力。海产品是国际贸易程度最高的食品，从全球海产品贸易来看，弱治理能力的发展中国家通常是海产品净出口国，其通过向强治理能力的发达国家大量出口高价值海产品，而进口低价值海产品用于本国消费，进而获取利润(Smith et al.，2010)。渔业有效治理在维持和增加海产品的可获得性以及控制过度捕捞和兼捕方面发挥着至关重要的作用(Mora et al.，2009；Godfray et al.，2010；Smith et al.，2010)。本书中，产量比对 EEZ 产量、%PPR 和 L 指数具有负效应而对 MTL 具有正效应，这表明增加专属经济区外的捕捞量能够在一定程度上缓解本国海洋生态系统的衰退。捕捞努力在全球范围内由发达国家逐步向发展中国家转移(Watson 和 Pauly，2013)，该捕捞努力的重新分布可能部分由于发达国家恢复其衰退资源产生的负面影响(Worm et al.，2009)。由于发达国家将其捕捞努力转移至专属经济区外的弱治理能力国家，如西非和东非国家，因此上述捕捞努力的重新分布可能也是全球渔业资源恢复的一个关键阻碍因素(Worm et al.，2009)。

第三，水产养殖业在过去 20~30 年已成为全球增长最快的动物性食品生产部门，并在某些区域取代捕捞业成为鱼类和其他水产食品最重要的来源(Godfray et al.，2010)。根据联合国粮食及农业组织收集的统计数据，2012 年世界水产养殖产量又创新高，达到 $9040×10^4$ t(活体等重)，约占全球水产食品供应的 50%(FAO，2014a)。此外，随着海洋生态系统中的渔获物从高营养级的底层食鱼种类逐步向低营养级的中上层鱼类和无脊椎动物转变，目前水产养殖业加大了对高营养级、高价值的肉食性鱼类的养殖量，特别是在发达国家(Tacon et al.，2010)。

人口增长不仅有助于经济总量的上升，而且也是影响海产品需求和渔业发展的一个关键驱动因素。本书评估了人口数量通过影响捕捞水平和其他过程对国家专属经济区海洋生态系统产生的生态影响。与 Clausen 和 York(2008a)的研究结果一致，本书研究发现，人口增长导致海洋渔业资源的衰退，并阻碍了海洋渔业资源的可持续开发。人口数量对 EEZ 产量、‰PPR 和 L 指数具有显著正效应，并对 MTL 具有显著负效应。遵循国家人口数量越多，对海洋生态系统影响越大的逻辑，这也是一个预期结果。

　　人口增长对海洋生态系统的负面影响可以从两个方面来解释。第一，鱼类作为人类食物的重要组成，人口增长增加了对海产品消费的需求，进而间接增加了对海洋生态系统的压力。为了满足不断增长的人口对海产品的消费需求，海洋渔业在面积上和深度上迅速扩张且船队的捕捞效率不断提高，进而导致种群的持续衰退(Pauly et al.，2005)。第二，人口增长增加了沿海区域的活动和开发，并加大了渔业有效治理的挑战，导致有机污染物和有毒污染物的增加以及沿海生态系统退化(Jackson et al.，2001)，进而对鱼类栖息地产生重大影响(Clausen 和 York，2008a)。

　　全球大多数沿海国位于 EKC 曲线的左侧(图 5-3)，这表明经济的进一步增长可能会导致全球海洋生态系统的退化，但是一些国家的人均 GDP 已通过 EKC 曲线的拐点，经济的进一步发展能够遏制其海洋生态系统的衰退趋势。事实上，近年来发达国家已有很多成功恢复过度捕捞种群的案例，这表明有效的管理能够遏制和扭转商业性渔业的过度开发(Kleisner et al.，2013)。Worm 等(2009)同样认为，若各国采取必要的管理措施，全球海洋生态系统能够得到恢复和重建。

　　制定和实施成功的保护计划，需要将生物学研究与社会经济因素影响的研究结合起来(Pierce et al.，2005)。Clausen 和 York(2008a)首次检验了海洋生物多样性的 EKC 假说，研究认为经济现代化会降低全球海洋生物多样性，但是由于数据的限制，其运用了非平衡面板数据模型。利用最新的社会经济数据和渔获统计数据，本书构建了参数估计结果更准确的平衡面板数据模型，探讨经济增长对海洋生态系统的影响。研究发现，经济发展至一定水平之后，能够遏制海洋生态系统的衰退趋势并促进渔业的可持续发展，而人口的持续增长会导致海洋生态系统的衰退。本书开展跨学科分析，旨在更好地掌握社会经济因素与渔业可持续性之间的关系。

第 6 章 气候变化下海洋渔业的粮食安全脆弱性评价

传统上，渔业管理一直注重从就业、收入和出口各方面实现捕捞渔业收益最大化，同时确保渔业资源的可持续性。但近年来，人们开始将注意力转向以水产品作为食品和一种必要营养素来源的重要性，同时确保保护生态系统。联合国粮食及农业组织渔业委员会的水产养殖分委员会和鱼品贸易分委员会在近年几次会议上选择将鱼与营养作为议题，就是对这种转变的一个证明。开展气候变化影响海洋渔业下的脆弱性评价能够识别出气候变化危害性最大的国家，粮食安全、就业和经济高度依赖渔业部门的国家，以及资源和社会能力有限的低适应能力国家，从而有助于采取措施以降低脆弱性（Allison et al. ，2009）。脆弱性评价能够识别出最需要优先执行气候适应计划的区域，且脆弱性评价目前已越来越受到决策者和学术界的重视（McClanahan et al. ，2013；FAO，2016）。

自 Allison 等（2009）首次对渔业开展全球脆弱性评价以来，许多学者在不同尺度上开展了渔业脆弱性评价（Cinner et al. ，2012，2013；Hughes et al. ，2012；Mamauag et al. ，2013）。在国家水平上开展脆弱性评价能够识别出脆弱性最高的国家，从而为国家层面的政策响应和适应性管理策略提供指导。此外，Allison 等（2009）建议未来宏观层面的分析应该利用各系统中最相关的气候驱动因素，分别对海洋渔业和内陆渔业展开分析。2013 年全球鱼类、甲壳类和软体动物总产量中，57％的产量来自捕捞业，43％的产量来自水产养殖业（FAOSTAT，2016）。在 2013 年全球总捕捞量中，87％的捕捞量来自海洋水域，13％来自内陆水域（FAOSTAT，2016）。由于各国海洋捕捞量占总产量的比例差异显著，因此尽管某些国家气候变化的脆弱性处于相同等级，但对不同国家粮食安全的影响程度不同。目前，在国家水平上开展渔业脆弱性评价的研究仅有 3 个，分别是 Allison 等（2009）、Barange 等（2014）和 Monnereau 等（2015）。然而，上述 3 个研究均未明确阐明海洋渔业在各国渔业部门和海产品安全中的重要性，且均未探讨需要实施的特定政策，这也是脆弱性文献中常见的不足之处。

运用脆弱性评价框架，本章将评估全球 109 个国家（2013 年捕捞量占全球总捕捞量的 92％）海洋渔业面对气候冲击时的粮食安全脆弱性。本章将首先探讨海洋渔业在各国粮食和营养安全中发挥的作用。与 Allison 等（2009）的研究不同（其暴露度指标仅为平均地表气温)，本章将运用对海洋渔业具有更直接和显著影响的 4 个环境指标：海表面温度异常(sea surface temperature anomalies)、紫外线辐射(UV radiation)、海洋酸化(ocean acidification)、海平面上升(sea surface rise)，评估各沿海国对气候变化的脆弱性。本章旨在获得最需要采取干预措施的区域，并掌握脆弱性的驱动因素，从而确定未来的研究方向。由于粮食和营养安全目前是一个重要的全球政策问题，因此本章将进一步探讨降低高度脆弱区域气候变化脆弱性的政策措施。

6.1　材料与方法

分析全球沿海国对气候变化的脆弱性，并探讨造成高脆弱性的原因。本章首先评估海洋渔业在各国粮食和营养安全中发挥的作用，这包括以下两个过程：第一，探讨各国家水产品贸易平衡的大小和方向，并将其与国内水产品产量进行比较，从而掌握各沿海国的国内水产品产量与水产品贸易在作为直接食物供应中所发挥的作用，本章的产量和贸易数据取自联合国粮食及农业组织(http://faostat.fao.org/)，为 2011～2013 年的平均值；第二，对于国内水产品产量大于供人类消费水产品总量 50% 的国家，根据 FAO 的渔获统计数据，进一步探究海洋捕捞量占国内水产品产量的比例。然后，从脆弱性的三个组成方面(暴露度、敏感性和适应性)对全球 109 个国家的脆弱性进行分类，进而评估气候变化对全球各国粮食安全的影响(表 6-1)。

表 6-1　国家粮食安全脆弱性评价中暴露度、敏感性和适应性的变量和数据来源

组成要素	说明	变量	数据来源
暴露度	气候变化的总指标	海表面温度异常 海洋酸化 紫外线辐射 海平面上升	海洋健康指数 (2015 年)
敏感性	食物依赖度(2011～2013 年)	鱼类蛋白摄入量/总动物蛋白摄入量 总动物蛋白摄入量/所需摄入的动物蛋白量	FAO
	就业依赖度(2003 年)	海洋渔业从业人数(2003 年)占经济活动人口总数(2002～2004 年)的比例	Teh 和 Sumaila (2013)
	经济依赖度(2008～2010 年)	海洋渔业产值占 GDP 的比例	Sea Around Us Project 和 FAOSTAT

续表

组成要素	说明	变量	数据来源
适应性	资产(2011~2013 年)	人均 GDP	FAOSTAT
	灵活性(2013~2015 年)	出生时的预期寿命	世界银行
	社会组织(2012~2014 年)	全球治理指数	世界银行
	受教育程度(2012~2014 年)	人类发展指数	UNDP

6.1.1 暴露度计算方法

将暴露度定义为国家海洋渔业受气候压迫的程度。研究选择海表面温度异常、紫外线辐射、海洋酸化和海平面上升作为暴露度指标，上述指标对海洋渔业产生一系列生物物理和社会经济影响，与海洋渔业脆弱性具有更直接的关系。上述 4 个暴露度指标均取自 2015 年海洋健康指数(ocean health index)(http://www.oceanhealthindex.org/)。海表面温度异常表示为某一区域中温度超过自然波动范围的正异常值次数。紫外线辐射表示为每个 1°区域中月平均值超过气候平均值+标准差的次数，并将全年 12 个月的值求和从而获得单个值。海洋酸化表示为霰石饱和状态在工业化前与现代的全球分布变化差异。海平面上升表示为海平面在研究期间上升的正值。暴露度的值越大，则受气候变化的影响越大。

6.1.2 敏感性计算方法

将敏感性定义为社会对海洋渔业的依赖程度。海洋渔业通过创造就业机会、产生经济效益和提供食物，从而为社会经济发展做出贡献(Barange et al.，2014)。因此，敏感性用 3 个指标来衡量：就业依赖度、经济依赖度和食物依赖度。海洋渔业提供的就业机会、经济价值以及动物蛋白越多，则气候变化的敏感性越高。

就业依赖度表示为海洋渔业从业人数占经济活动人口总数的比例。Teh 和 Sumaila(2013)的研究补偿了被低估的小规模渔业从业人数，估算了海洋渔业的从业人数(2003 年)。与 Barange 等(2014)一致，本研究的海洋渔业从业人数取 FAO 就业数据与 Teh 和 Sumaila(2013)估算的就业数据的平均值。经济活动人口总数的数据取自世界银行(http://www.worldbank.org/)，为 2002~2004 年的平均值。经济依赖度用海洋渔业产值占 GDP 的比例来衡量。海洋渔业产值数据取自 Sea Around Us Project(http://www.seaaroundus.org)，GDP 数据取自

FAO，且上述 2 个指标均为 2008～2010 年的平均值。根据 Barange 等(2014)研究，食物依赖度的计算如下：

$$食物依赖度 = \frac{鱼类蛋白摄入量 / 总动物蛋白摄入量}{总动物蛋白摄入量 / 所需摄入的动物蛋白量} \qquad (6\text{-}1)$$

2009～2011 年的鱼类蛋白和总动物蛋白消费数据取自 FAO 食物平衡表。最低动物蛋白摄入需求量为人均每天 36g(Akpan et al.，2013)。对每个指标取近 3 年的平均值以消除年间波动。

6.1.3　适应性计算方法

将适应性定义为国家对气候变化做出响应和恢复的能力。国家的适应性越高，则受环境扰动的影响越小，且能更好地把握机遇以增加其社会经济效益。适应性指数由 4 方面构成：资产、灵活性、社会组织和受教育程度(Cinner et al.，2009)。选择上述 4 方面的 4 个关键指标：人均 GDP、出生时的预期寿命、全球治理指数和人类发展指数(human development index，HDI)(http://hdr. undp. org/en)计算适应性。以 FAO 提供的 2011～2013 年平均人均 GDP 作为国家的资产指标；出生时的预期寿命数据取自世界银行，其作为灵活性的衡量指标；世界银行发布的全球治理指数用于衡量国家总体治理水平，其作为社会组织的衡量指标；人类发展指数取自联合国开发计划署(United Nations Development Programme，UNDP)(http://hdr. undp. org/en)，其作为受教育程度的衡量指标。选择上述指标是基于具有高度经济和人类发展水平的国家具有实施适应措施能力的假设。

6.1.4　脆弱性计算方法

109 个国家具有完整的数据集。利用公式 $(X - X_{min})/(X_{max} - X_{min})$ 对数据进行标准化处理，使各指标值处于[0，1]。暴露度(E)、敏感性(S)和适应性(AC)指数等于其所包括的指标标准化后的平均值；该值越大，则暴露度/敏感性/适应性越高。根据政府间气候变化专门委员会(IPCC，2001)的报告，脆弱性指数计算公式如下：

$$脆弱性 = (暴露度 + 敏感性) - 适应性 \qquad (6\text{-}2)$$

脆弱性指数的 3 个组成权重相同且均标准化至[0，1]。脆弱性指数的值越大，则其脆弱度越高。根据脆弱性指数的数值将脆弱性分为高、中、低和极低 4 个等级，在此基础上观察全球不同国家对气候变化的脆弱性。

6.2　研　究　结　果

6.2.1　海洋渔业在全球各国粮食和营养安全中的重要性

　　为评估全球 109 个国家海洋渔业在其粮食和营养安全中的重要性，本节首先探讨国内水产品产量与水产品贸易平衡之间的关系。将所讨论的 109 个国家分为两类：水产品净进口国和水产品净出口国(图 6-1)。对于 64 个水产品净进口国存在两种类型：净进口量大于国内水产品供应量和净进口量小于国内水产品供应量。29 个国家的净进口量大于国内水产品供应量，对于这些国家，贸易流量的变化对粮食安全具有更显著的影响。35 个国家的国内水产品供应量大于净进口量，其日常饮食中的鱼类蛋白主要由国内水产品供应。45 个国家属于水产品净出口国，对于这些国家，国内水产品供应对当地人口的粮食安全具有重要作用。

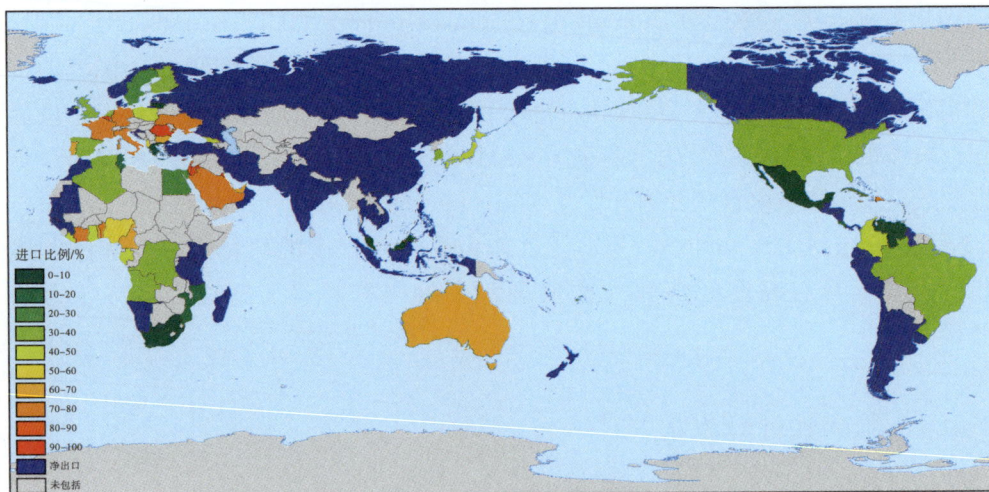

图 6-1　全球国家贸易平衡与国内水产品产量之间的关系

　　对于上述国内水产品作为水产品供应主要来源的 80 个国家，进一步探究其海洋渔业对国内水产品产量的贡献度。研究表明，对于大多数依赖国内水产品产量以满足其人口营养需求的国家，海洋渔业在水产品供应中发挥着重要作用(图6-2)。具体来说，在上述 80 个国家中，64 个国家的海洋渔业产量占其水产品总产量的 50% 以上。其余的 16 个国家主要依赖内陆渔业/水产养殖业提供鱼类蛋白，其分别位于欧洲(希腊)、北美洲(哥斯达黎加、古巴、危地马拉和洪都拉斯)、南美洲(巴西和哥伦比亚)、非洲(刚果民主共和国、埃及、肯尼亚和坦桑尼亚)和亚洲(孟加拉国、柬埔寨、中国、印度和越南)(图 6-2)。

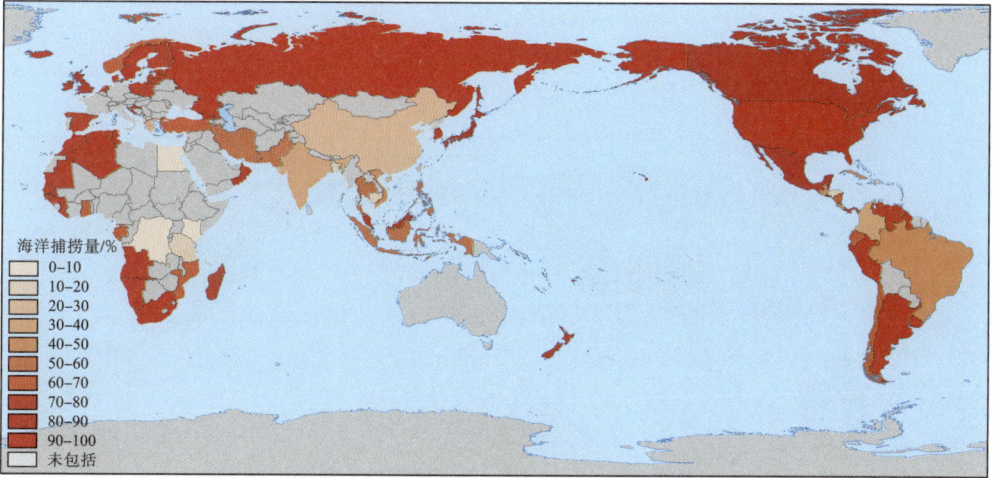

图 6-2　全球各国家海洋捕捞量占水产品总产量的比例

6.2.2　气候变化下海洋渔业的粮食安全脆弱性

本书在国家尺度上评估了气候变化影响海洋渔业造成的国家粮食安全脆弱性，研究发现，气候变化下海洋渔业相关的粮食安全脆弱性与国家发展状况关系密切[图 6-3(a)]。非洲、亚洲、大洋洲和南美洲的发展中国家脆弱性最高[图 6-3(a)]。脆弱性与适应性的相关性最高($R^2=0.64$)，其次是敏感性($R^2=0.57$)，而脆弱性与暴露度的相关性较低($R^2=0.42$)(表 6-2)。在 27 个高脆弱性国家中，其中 23 个国家也属于高敏感性国家。与脆弱性相关性最高的自变量是人类发展指数

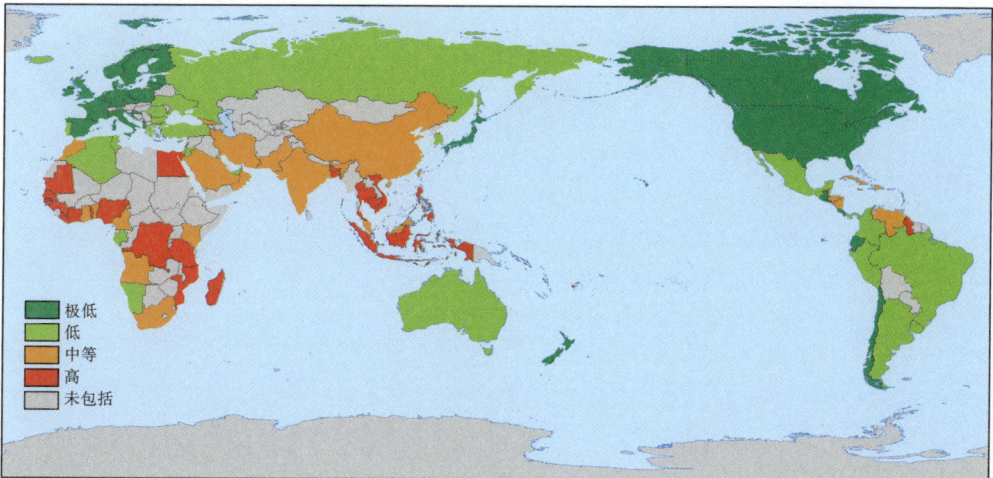

(a)脆弱性

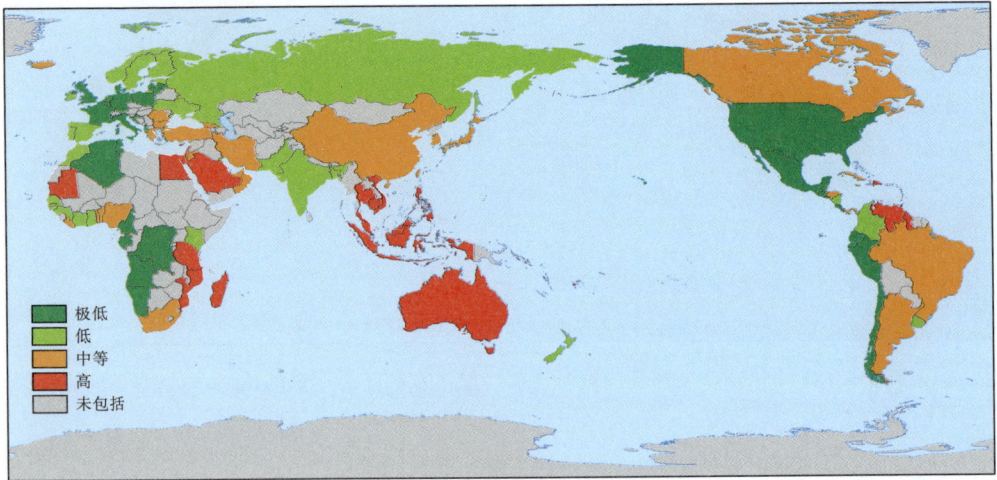

（b）暴露度

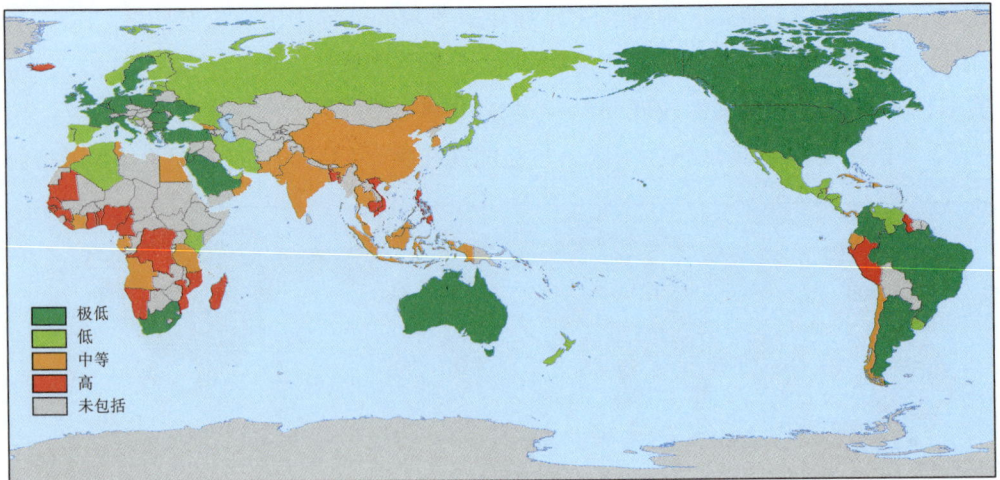

（c）敏感性

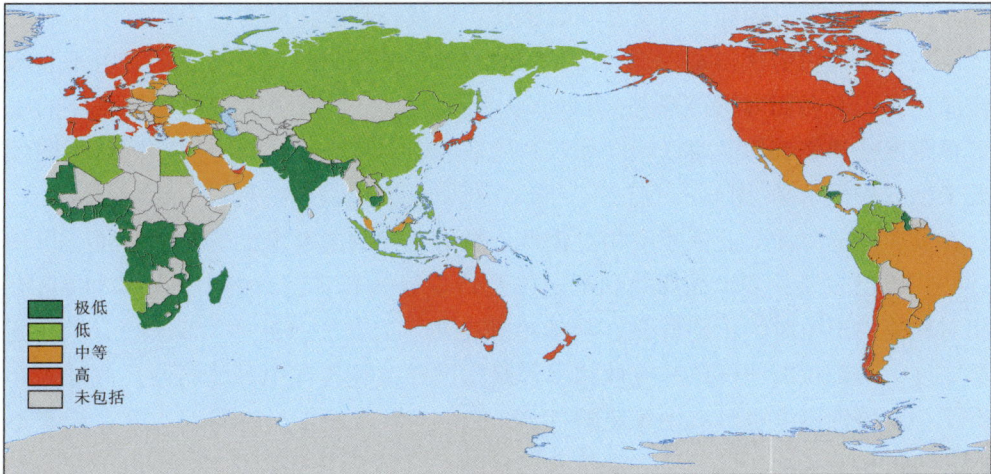

(d)适应性

图 6-3　全球 109 个国家海洋渔业面对气候冲击时的粮食安全脆弱性

HDI($R^2 = 0.64$)，之后是全球治理指数($R^2 = 0.50$)和出生时的预期寿命($R^2 = 0.49$)(表 6-2)。这表明，发展水平越高、治理能力越强以及人口寿命越长的国家，其受气候变化造成的粮食安全风险越小。

表 6-2　各指标预测气候变化影响下国家粮食安全脆弱性的决定系数

指标	R^2
暴露度	0.42
海表面温度异常	0.07
海洋酸化	0.26
紫外线辐射	0.09
海平面上升	0.19
敏感性	0.57
食物依赖度	0.31
就业依赖度	0.30
经济依赖度	0.26
适应性	0.64
人均 GDP	0.46
出生时的预期寿命	0.49
全球治理指数	0.50
人类发展指数	0.64

海洋渔业面对气候冲击时的粮食安全脆弱性是暴露度、敏感性和适应性综合作用的结果，因此本书进一步探究高脆弱性国家的暴露度、敏感性和适应性情

况。由于欧洲具有较低的暴露度和敏感性，以及较高适应能力，因此欧洲未出现气候变化的高脆弱性国家[图 6-3(a)]。冰岛对气候变化的高敏感性主要由于其海洋渔业对国家 GDP 具有较高的贡献率。保加利亚、希腊、冰岛和罗马尼亚的中等暴露度被其较低的渔业依赖度和较高的适应能力所补偿，使得这些国家脆弱性处于低或极低水平[图 6-3(a)]。

北美洲的海洋渔业依赖度相对较低，高敏感性的国家未出现在北美洲[图 6-3(b)]。巴巴多斯、多米尼加共和国，以及特立尼达和多巴哥的中等适应性(具有相对较高的出生时的预期寿命、全球治理指数和经济发展水平)部分抵消了其高暴露度。洪都拉斯的极低适应性和中等暴露度导致其具有中等脆弱性。此外，还有 7 个北美洲国家也具有中等脆弱性(图 6-3)，但造成各国脆弱性的潜在因素不同。古巴、牙买加，以及圣文森特和格林纳丁斯具有中等脆弱性主要由于其高暴露度和严重依赖海洋渔业提供就业机会；而伯利兹、洪都拉斯和尼加拉瓜具有中等脆弱性则主要是其较高暴露度水平下的低水平人均 GDP 所致。

高暴露度、高敏感性(主要由于高就业依赖度)和极低适应性导致南美洲的圭亚那具有高脆弱性(图 6-3)。尽管委内瑞拉也处于高暴露度，但低敏感性和中等适应性使其气候变化的脆弱性处于中度等级。秘鲁海洋渔业产值占其 GDP 的11%，这导致秘鲁具有高敏感性。

非洲国家大多处于高脆弱性等级，研究中 27 个高脆弱性国家有 15 个来自非洲。研究的 109 个国家中，毛里塔尼亚和莫桑比克脆弱性最高(图 6-3)。非洲国家的高脆弱性主要是由于其高水平的暴露度和渔业依赖度，以及低水平的适应能力。非洲国家严重依赖海洋渔业提供就业机会、创造收入以及供应食物。例如，几内亚比绍海洋渔业从业人数占经济活动人口总数的 59%，毛里塔尼亚海洋渔业产值占其 GDP 的 23%，刚果民主共和国人均动物蛋白日摄入量仅为 4.3g，而38%的动物蛋白来自鱼类。此外，研究中 27 个极低适应性国家，20 个位于非洲[图 6-3(d)]。

多个亚洲国家如孟加拉国、柬埔寨、马尔代夫、菲律宾、越南、泰国和印度尼西亚处于高脆弱等级(图 6-3)。上述国家中，孟加拉国、柬埔寨、马尔代夫、菲律宾、越南高度依赖海洋渔业提供就业机会、创造收入以及供应动物蛋白。25个亚洲国家中有 10 个具有高暴露度[图 6-3(b)]，而塞浦路斯和以色列的高暴露度被其低渔业依赖性和高适应性所部分抵消。

除新西兰外，其他大洋洲国家的暴露度均处于相对较高的等级[图 6-3(b)]。澳大利亚的高暴露度被其极低的敏感性和高适应性所补偿。但是，斐济、萨摩亚、所罗门群岛和瓦努阿图具有高暴露度，且上述国家高度依赖海洋渔业提供蛋白质和生计来源，而适应能力较弱(图 6-3)。

6.3 讨论与分析

掌握气候变化影响海洋渔业对哪些国家产生重大社会影响以及造成其气候变化脆弱性的原因，为指导未来研究和制定降低气候变化脆弱性的措施提供了非常有用的切入点（McClanahan et al.，2013；FAO，2016）。本章构建了气候变化影响海洋渔业下的粮食安全脆弱性评估框架，并进一步探讨了全球各国水产品贸易平衡以及海洋渔业对其国内水产品产量的贡献度。研究发现，气候变化造成的国家粮食安全脆弱性（渔业相关）与国家发展状态密切相关，非洲、亚洲、大洋洲和南美洲的发展中国家脆弱性最高。对于气候变化影响海洋渔业造成粮食安全脆弱性最高的国家，非洲国家（佛得角、冈比亚、几内亚、几内亚比绍、毛里塔尼亚和塞内加尔）、亚洲国家（马尔代夫）、大洋洲国家（斐济、萨摩亚、所罗门群岛和瓦努阿图）和南美洲国家（圭亚那）高度依赖海洋渔业以满足其人口对营养的需求，其国内水产品产量作为鱼类蛋白供应的主要来源，且海洋捕捞量占总产量的85%以上。

气候变化对渔业可持续发展的影响近年来受到广泛关注（Garcia 和 Rosenberg，2010；Ruckelshaus et al.，2013）。目前，Allison 等（2009）的研究成果已超过500次引用，该研究对国际政策的制定以及用于国家应对气候变化的国际资金分配均具有重要影响。然而，该研究未阐明海洋渔业在全球各国粮食安全和经济中发挥的重要性。Allison 等（2009）研究发现，气候变化脆弱性最高的国家分布在亚洲、非洲和南美洲西北部，孟加拉国和越南处于高脆弱等级，但是孟加拉国和越南等国家的水产养殖产量非常高，分别占其总产量的49%和53%，因此与其他处于高脆弱等级但依赖海洋渔业提供食物和营养来源的国家相比，这些国家可能未受到气候变化对其海洋渔业的严重影响。由于在全球同时考虑海洋渔业和内陆渔业，Allison 等（2009）运用大气表面温度作为气候变化的暴露度指标，但是不同系统中最相关的气候驱动因素有所不同，因此将海洋渔业和内陆渔业分开讨论更为适合。大气表面温度对内陆渔业是适合的暴露度指标，但海表面温度可能更适合作为海洋渔业的暴露度指标。

本研究中，气候变化的高脆弱性国家通常具有较高水平的敏感度以及较低水平的适应性。根据水产品供应的主要来源，本书将高脆弱性国家大体分为3类：水产品消费主要来自水产品进口的国家，水产品消费主要来自水产养殖业/内陆渔业的国家，水产品消费主要来自海洋渔业的国家。3个高脆弱性国家（科特迪瓦、尼日利亚和多哥）属于第1类，其均来自非洲；对于这些国家，水产品贸易流量的变化对其粮食和营养安全具有更显著的影响。6个高脆弱性国家属于第2

类，其中柬埔寨、刚果民主共和国和坦桑尼亚的内陆渔业产量分别占其总产量的72％、97％和82％，孟加拉国、埃及和越南的水产养殖量分别占其总产量的55％、75％和53％；对于这些国家，与内陆渔业或养殖业相关的气候暴露度指标对其国家粮食安全具有更大的影响。18 个高脆弱性国家属于第 3 类，降低气候变化影响海洋渔业下的脆弱性对当地人口的粮食与营养安全具有重要意义。

脆弱性指数为掌握各国遭受气候变化不良影响的程度提供了有用的信息，但脆弱性的三个组成要素（暴露度、敏感性和适应性）的变化情况在各国显著不同，特别是高脆弱性国家。由于处理脆弱性的不同组成要素需要采取不同的相关措施，因此了解不同国家脆弱性指数组成要素的差异具有重要意义（Johnson 和 Welch，2010；Cinner et al.，2012；Hughes et al.，2012）。例如，Hughes 等（2012）开展了针对珊瑚礁渔业的粮食安全脆弱性评价，研究发现，大体存在 2 种常见脆弱性类型：低适应能力的低收入国家和较高适应能力且高敏感性的中等收入国家，建议利用其评价结果制定特定的措施以提高低收入国家的适应性以及降低中等收入国家的敏感性。在本研究中，高脆弱性国家通常具有高敏感性和低适应性，对于这种情况，政策干预措施应首先降低其敏感性，其次是提高其适应性（Hughes et al.，2012）。下文将介绍一些有助于降低气候变化脆弱性的政策措施。

佛得角、斐济、几内亚比绍、圭亚那、印度尼西亚、马尔代夫、菲律宾、萨摩亚和瓦努阿图高度依赖海洋渔业提供就业机会，这导致其对气候变化具有高敏感性。替代性或补充性生计活动通过将从事渔业的劳动者转移至其他行业，从而降低对海洋渔业的就业依赖（Johnson 和 Welch，2010；Cinner et al.，2012）。此外，根据资源可获得性和开发条件，采取包含一系列粮食生产系统的灵活生计策略，例如将捕捞、养殖和农业结合起来或者改变捕捞活动的季节模式，进而加强对气候变化应对能力（Cochrane et al.，2009）。高经济依赖度对冈比亚、几内亚、毛里塔尼亚和塞内加尔的敏感性影响最大。将单鱼种渔业转化为多鱼种渔业能够降低经济依赖度（Worm et al.，2006），这可以通过下面途径来实现：鼓励商业性渔业中的丢弃渔获物和兼捕渔获物上岸，从而为当地居民提供替代性鱼类来源；短期内将目标种类转变为获益于气候变化的种类（Johnson 和 Welch，2010）。利比里亚、马达加斯加、莫桑比克、所罗门群岛和泰国的高敏感性主要由于其对海洋渔业的食物依赖。随着养殖业对鱼粉（由捕捞种类加工而成）依赖度的下降，养殖业的扩张能够为气候变化背景下的粮食安全做出重大贡献。发展养殖业在具有中高水平的人力资本和适应能力、高国内水产品需求量或具有良好水产品贸易、捕捞业较弱或依赖水产品进口的区域可能最为有效（Allison，2011）。

适应性对于降低粮食安全风险具有重要作用，具有高适应性的国家受环境波动的影响较小，且能够更好地把握机会确保国家粮食安全（Adger et al.，2000；McClanahan et al.，2013）。脆弱性指数与人类发展指数、全球治理指数和出生时的预期寿命关系密切，因此从发展上述三方面入手制定的促进粮食安全政策可能获得的收益最大。具体的措施包括加大对教育的投资、改善治理水平、降低贫困以及提高渔民的适应能力和健康水平。

本书在全球尺度上全面分析了海洋渔业面对气候冲击时的国家粮食安全脆弱性，研究方法存在几个需要注意的地方，与其他国家尺度上的脆弱性评价研究相同，本书最大的不足在于缺少海洋渔业和捕捞国的社会经济数据。数据缺乏问题在最不发达国家（least developed countries）和小岛屿发展中国家（small island developing states）尤为严重，而这些国家通常高度依赖海洋渔业提供食物且大多数国家具有高脆弱性。

对于数据缺乏但需立即采取行动应对气候变化影响的国家，运用基于专家知识和本地相关信息的半定量方法开展脆弱性评估，有助于相关措施的制定（Johnson 和 Welch，2010）。此外，捕捞努力在全球范围内明显由发达国家向发展中国家转移（Worm et al.，2009），因此国家海洋渔业以及其对粮食安全的作用可能会受到其他国家气候变化的影响。尽管详细评估远洋渔业的影响不在本书的研究范围内，但远洋渔业产量通常仅占总捕捞量的很小一部分，因此其不会对本书的结论产生重大影响（Allison et al.，2009）。

由于稳固水产品贸易、粮食生产和粮食安全的政策通常在国家水平上制定和实施，因此在国家水平上开展脆弱性评估具有重要意义（Adger 和 Vincent，2005；Pelletier et al.，2014）。本书在全球范围内首次系统地评估了全球 109 个国家海洋渔业面对气候冲击时的粮食安全脆弱性。研究表明，非洲、亚洲、大洋洲和南美洲的发展中国家脆弱性等级最高，且造成各国高脆弱性的因素显著不同。在气候变化影响海洋渔业造成粮食安全高度脆弱的国家中，超过 2/3 的国家以海洋渔业作为其水产品供应的主要来源。制定适宜的适应策略和管理措施以降低气候变化的影响对于维持具有高脆弱性且高度依赖海洋渔业的国家粮食安全具有极为重要的意义。开展气候变化下海洋渔业脆弱性评价，获得气候变化下高脆弱性国家的数据，对于采取适宜的管理措施以降低气候变化的影响，从而保障国家粮食营养安全具有极为重要的意义。

第 7 章　主要结论与展望

7.1　主 要 结 论

1. 全球各渔区海洋渔业资源可持续利用评价

本书根据联合国粮农组织提供的全球三大洋渔获生产统计数据，结合 Fishbase 提供的相关鱼种营养级，综合探讨了 1950～2010 年全球三大洋各渔区渔获组成及其渔获物平均营养级的变化情况，以此来判定全球渔业资源可持续利用状况；并通过观察高营养级种类和低营养级种类的渔获量变化情况，在全球和区域范围内对渔获物平均营养级的潜在变化机制进行评估，旨在深化对 MTL 潜在变化机制的了解。研究表明，全球 MTL 以 0.057/10 年的速度在 1955～1986 年下降，之后 MTL 呈恢复上升趋势。在全球三大洋 14 个 FAO 渔区中，10 个 FAO 渔区的 MTL 出现显著降低，其中，西北大西洋、东北大西洋、西南大西洋和西南太平洋发生捕捞降低海洋食物网现象；而中东大西洋、东南大西洋、东印度洋、西北太平洋、中东太平洋和东南太平洋发生捕捞沿着海洋食物网现象。MTL 呈上升和回升状态均可能伴随着低营养级鱼种渔获量的下降。此外，通过观察营养级高于 3.25 鱼种的 MTL 以区分捕捞降低海洋食物网和捕捞沿着海洋食物网现象需考虑生态系统的群落结构和开发历程。利用渔获物平均营养级评价渔业可持续性必须综合考虑高营养级和低营养级鱼种，以及群落结构和开发历程的掩盖效应。

2. 全球沿海国海洋渔业资源可持续利用评价

尽管已有很多学者利用渔获物平均营养级针对特定国家的海域进行了相应的分析，认为捕捞降低海洋食物网现象在全球海域中普遍存在，但对全球三大洋各沿海国海洋渔业资源变化进行整体性评价的研究仍缺乏。本书系统地对 1950～2010 年全球三大洋各沿海国渔获物平均营养级变化情况进行分析，观察 MTL 出现下降趋势的国家，并对引起 MTL 下降的 4 种假说进行探讨。研究发现，全球三大洋 75 个主要捕捞国中有 43 个国家 MTL 呈显著下降趋势，发生了 Pauly 于 1998 年提出的捕捞降低海洋食物网现象，但是仅 16 个国家 MTL 的下降是由于高营养级种类的衰退，而 27 个国家属于捕捞沿着海洋食物网的下降机制。大型捕食者资源量的衰退导致 MTL 出现下降的海域主要位于欧洲，16 个高营养级捕食者产量出现显著下降的沿海国中有 10 个位于欧洲。此外，20 个国家 MTL 呈恢复上升趋势，但是该恢复上升趋势通常伴随着传统低营养级种类产量的大幅下降；上述 20 个国家中有 11 个国家的低营养级鱼类产量呈显著下降趋势。需谨慎分析捕捞降低海洋食物网现象，掌握 MTL 的潜在变化机制。

3. 过度捕捞造成全球海洋渔业的产量和经济损失

本书通过对捕捞量变化趋势和种群最大可持续产量的近似阈值进行分析，核算 1950~2010 年过度捕捞造成的全球 14 个 FAO 渔区捕捞量和经济效益的损失。全球三大洋约 35% 的种群曾经或正在遭受过度捕捞，1950~2010 年损失的总捕捞量高达 33284×10^4 t，造成的直接经济损失达到 2989 亿美元(2005 年不变价美元)。渔业非可持续性开发在全球引起较大的产量和经济损失，特别是在北半球。从 1950~2010 年全球各渔区损失的总产量来看，东南太平洋以 11507×10^4 t 排在首位，之后是东南大西洋、西北大西洋和西北太平洋，分别损失 6216×10^4 t、5044×10^4 t 和 4824×10^4 t。西南太平洋、西印度洋和东印度洋并未遭受严重的产量损失，其损失的总产量分别为 96×10^4 t、35×10^4 t 和 41×10^4 t。进一步核算过度捕捞造成的生态系统不同群落结构组成的损失表明，在 4 类群落组成中(底层鱼类、中小型中上层鱼类、大洋性和深海鱼类，以及无脊椎动物)，低价值但资源量丰富的中小型中上层鱼类损失的产量最大，达到 26504×10^4 t，之后是底层鱼类、无脊椎动物以及大洋性和深海鱼类，过度捕捞损失的产量分别为 4305×10^4 t、2053×10^4 t 和 422×10^4 t。过度捕捞的空间扩张不仅反映了全球渔业资源的持续衰退，也表明了海洋渔业的可持续开发能够降低或稳定过度捕捞的产量损失。全球海洋渔业长期可持续发展需要进一步降低全球过剩的捕捞能力，并改善渔业管理体系。

4. 社会经济因素对海洋渔业资源开发利用的影响

运用环境库兹涅茨曲线理论，构建了面板模型，通过对全球 122 个沿海国开展跨国时间序列分析，探讨经济发展和人口增长对海洋生态系统可持续性的影响。本书选取专属经济区(EEZ)产量、渔获物平均营养级(MTL)、所需初级生产力占初级生产力的比例 %PPR 和生态系统过度捕捞指数(也称次级生产力损失指数，L 指数)作为海洋生态系统生态变化指标。研究发现，在人均 GDP 分别达到 15000 美元、14000 美元和 19000 美元后，EEZ 产量、%PPR 和 L 指数呈逐步下降趋势，而 MTL 在人均 GDP 达到 20000 美元后呈稳定上升趋势，这表明经济发展和生物多样性保护可以并行。但是，人口增长对海洋生态系统具有负面影响，人口增加 1 倍会引起％PPR 上升 17.1%、L 指数上升 0.0254 以及 MTL 下降 0.176；人口增加 1% 会引起 EEZ 产量上升 0.744%。上述结果突出了在制定可持续渔业管理政策时考虑社会经济因素的重要性。

5. 气候变化下海洋渔业的粮食安全脆弱性评价

本书运用脆弱性评价框架，在全球范围内首次系统地评估了海洋渔业面对气候冲击时世界各国粮食安全脆弱性的高低及其分布，并突出了海洋渔业在各国水产品供应中的作用。本书应用对海洋渔业具有更直接和显著影响的 4 个环境指标，即海表面温度异常、紫外线辐射、海洋酸化、海平面上升，从粮食安全角度评估了气候变化下全球各沿海国海洋渔业的脆弱性。研究表明，海洋渔业面对气候冲击时的国家粮食安全脆弱性与国家发展水平密切相关，非洲、亚洲、大洋洲和南美洲的发展中国家脆弱性最高，其高脆弱性主要由于上述国家高度依赖海洋渔业提供营养而应对气候变化的能力有限。不同高脆弱性国家的海洋渔业在其粮食和营养安全中发挥的作用显著不同，在 27 个高脆弱性国家中，非洲国家(佛得角、冈比亚、几内亚、几内亚比绍、利比里亚、马达加斯加、毛里塔尼亚、莫桑比克和塞内加尔)、亚洲国家(印度尼西亚、马尔代夫、菲律宾和泰国)、大洋洲国家(斐济、萨摩亚、所罗门群岛和瓦努阿图)和南美洲国家(圭亚那)主要依赖海洋渔业满足其人口对水产品的需求；然而，科特迪瓦、尼日利亚和多哥的水产品消费主要依赖进口；柬埔寨、刚果民主共和国和坦桑尼亚主要依赖内陆渔业满足其对水产品的需求；孟加拉国、埃及和越南主要依赖养殖业满足其水产品的需求。开展类似于本书的社会生态综合评价对于获得需要优先采取干预措施的区域、掌握脆弱性的驱动因素从而确定未来的研究方向，以及采取气候变化应对措施以确保未来海洋渔业可持续发展具有极为重要的意义。

7.2　研究创新点

渔业资源可持续利用是一个包括资源环境、经济和社会等多方面的复杂系统，目前大多数研究局限于资源开发状态这一方面，而忽略了社会经济因素的影响。营养动力学的研究对基于生态系统的渔业管理和生物多样性保护至关重要，渔获物平均营养级能够快速、简便地反映捕捞活动下生态系统的变化情况，能够为渔业管理者宏观把握渔业资源开发状态提供科学依据，但是必须对 MTL 的波动与其变化机制进行综合分析，才能正确地评价捕捞活动对海洋生态系统的影响，而在目前研究中往往忽视了 MTL 的变化机制。本书具有以下创新之处：

　　(1)首次综合分析和评价了 1950～2010 年世界各渔区和沿海国海洋渔业资源的势态和现状，并进一步通过观察高营养级种类和低营养级种类的渔获量变化情况，在全球和区域范围内对 MTL 的潜在变化机制进行探讨，更好地掌握 MTL 与渔业开发历程之间的关系。

　　(2)首次对过度捕捞造成的全球三大洋 FAO 渔区的产量和经济损失进行核算，并进一步核算了过度捕捞造成的各渔区不同类别资源的产量和经济损失，为掌握全球海洋渔业开发历程和开发状态提供了新的视角。

　　(3)通过对全球 122 个沿海国开展跨国时间序列分析，运用环境库兹涅茨曲线理论，首次采用多指标综合探讨了社会经济因素对海洋渔业可持续开发利用的影响。

　　(4)在全球范围内首次系统地评估了海洋渔业面对气候冲击时的国家粮食安全脆弱性，为国家层面的政策响应和适应性管理策略提供指导，确保海洋渔业持续为人类粮食和营养安全做出贡献。

7.3　存在问题及展望

　　本书基于渔获生产统计数据，以可持续发展为理念，以渔业资源经济学为理论，通过系统地分析 1950～2010 年全球各渔区和沿海国渔获物平均营养级(MTL)的变化情况及其潜在变化机制；核算过度捕捞造成的全球海洋捕捞量和经济效益的损失；开展跨学科分析，探讨社会经济因素与渔业可持续性之间的关系；在全球尺度上系统地分析海洋渔业面对气候冲击时的国家粮食安全脆弱性，从而为渔业管理者宏观把握全球渔业资源开发状态以及全球海洋渔业的可持续开发利用提供科学依据。但是，本书中仍存在一些不足之处，需要进一步完善和补充，主要表现在以下几个方面：

　　(1)渔业数据质量较差以及社会经济数据的缺乏。由于渔业和社会经济数据的限制，在本书全球沿海国家渔业资源可持续利用评价和气候变化影响下国家粮食安全的脆弱性评价中，很多最不发达国家和小岛屿发展中国家未包括在内，而这些国家通常高度依赖海洋渔业提供食物、收入和生计来源，渔业资源的衰退会产生严重的生态和社会经济影响。追踪与监测渔业资源开发利用状况能够在宏观上对渔业资源管理和政策制定提供科学依据，改善数据质量从而开展更完整的资源评估研究非常必要。

　　(2)构建基于渔获物平均营养级的综合评价体系。渔业资源开发是一个极其复杂的系统工程，仅用营养指标评估捕捞影响可能无法说明引起 MTL 变动的因素或全面地掌握渔业动态。综合运用多指标，将 MTL 等营养指标与渔获组成、不同营养阶层种群资源量变动、市场价格等指标结合起来分析，有助于更加全面地掌握捕捞活动下鱼类群落结构的实际变化状况。

（3）过度捕捞造成的捕捞量和经济损失的核算。由于资源评估数据的限制，本书根据 Srinivasan 等（2008）建立的基于物种寿命 t_{max} 和最高产量 C_{max} 的 MSY 保守估算方法以及东北太平洋渔业科学中心（NEFSC）估算的 MSY 与产量关系，对过度捕捞种群的 MSY 进行估算。在今后的研究中，应利用基于种群资源评估的 MSY 值核算过度捕捞造成的产量和经济损失，以提供更为准确的结果。

参 考 文 献

陈新军. 2004. 渔业资源可持续利用评价理论和方法. 北京：中国农业出版社，1—53.

丁琪，陈新军，方舟，等. 2015. 西北太平洋沿海国海洋渔业资源可持续利用评价. 中国海洋大学学报（自然科学版），45(3)：54—66.

丁琪，陈新军，耿婷，等. 2016. 基于渔获统计的太平洋岛国渔业资源开发利用现状评价. 生态学报，36(8)：2295—2303.

刘金立. 2014. 西北太平洋柔鱼生物经济模型及管理策略评价. 上海：上海海洋大学博士论文.

王雅丽. 2012. 渔业资源租金的核算及应用. 上海：上海海洋大学博士论文.

Adger W N. 2000. Social and ecological resilience：are they related. Progress in Human Geography，24(3)：347—364.

Adger W N, Vincent K. 2005. Uncertainty in adaptive capacity. Comptes Rendus Geoscience，337(4)：399—410.

Ainley D G, Blight L K. 2009. Ecological repercussions of historical fish extraction from the southern Ocean. Fish and Fisheries，10(1)：13—38.

Akpan S B, Patrick I V, Udoka S J, et al. 2013. Determinants of credit access and demand among poultry farmers in Akwa Ibom State，Nigeria. American Journal of Experimental Agriculture，3(2)：293—307.

Alder J, Cullis-Suzuki S, Karpouzi V, et al. 2010. Aggregate performance in managing marine ecosystems of 53 maritime countries. Marine Policy，34(3)：468—476.

Alleway H K, Connell S D, Ward T M, et al. 2014. Historical changes in mean trophic level of southern Australian fisheries. Marine and Freshwater Research，65(10)：884—893.

Allison E H. 2011. Aquaculture, fisheries, poverty and food security. Working Paper 2011 — 65. Malaysia：The World Fish Center，1—60.

Allison E H, Bassett H R. 2015. Climate change in the oceans：human impacts and responses. Science，350(6262)：778—782.

Allison E H, Perry A L, Badjeck M C, et al. 2009. Vulnerability of national economies to the impacts of climate change on fisheries. Fish and fisheries，10(2)：73—196.

Arancibia H, Neira S. 2005. Long-term changes in the mean trophic level of Central Chile fishery landings. Scientia Marina，69(2)：295—300.

Baeta F, Costa M J, Cabral H. 2009. Changes in the trophic level of Portuguese landings and fish market price variation in the last decades. Fisheries Research，97(3)：216—222.

Balmford A, Cowling R M. 2006. Fusion or failure? The future of conservation biology. Conservation Biology，20(3)：692—695.

Balmford A, Bruner A, Cooper P, et al. 2002. Economic reasons for conserving wild nature. Science，

297(5583): 950—953.

Barange M, Merino G, Blanchard J L, et al. 2014. Impacts of climate change on marine ecosystem production in societies dependent on fisheries. Nature Climate Change, 4(3): 211—216.

Baum J K, Myers R A. 2004. Shifting baselines and the decline of pelagic sharks in the Gulf of Mexico. Ecology Letters, 7(2): 135—145.

Beaumont N J, Austen M C, Atkins J P, et al. 2007. Identification, definition and quantification of goods and services provided by marine biodiversity: implications for the ecosystem approach. Marine Pollution Bulletin, 54(3): 253—265.

Bhathal B, Pauly D. 2008. 'Fishing down marine food webs' and spatial expansion of coastal fisheries in India, 1950—2000. Fisheries Research, 91(1): 26—34.

Blanchard J L, Jennings S, Holmes R, et al. 2012. Potential consequences of climate change for primary production and fish production in large marine ecosystems. Philosophical Transactions of the Royal Society of London B: Biological Sciences, 367(1605): 2979—2989.

Boyce D G, Lewis M R, Worm B. 2010. Global phytoplankton decline over the past century. Nature, 466 (7306): 591—596.

Branch T A. 2015. Fishing impacts on food webs: multiple working hypotheses. Fisheries, 40(8): 373 —375.

Branch T A, Watson R, Fulton E A, et al. 2010. The trophic fingerprint of marine fisheries. Nature, 468(7322): 431—435.

Branch T A, Jensen O P, Ricard D, et al. 2011. Contrasting global trends in marine fishery status obtained from catches and from stock assessments. Conservation Biology, 25(4): 777—786.

Brander K M. 2007. Global fish production and climate change. Proceedings of the National Academy of Sciences, 104(50): 19709—19714.

Butler J R A, Radford A, Riddington G, et al. 2009. Evaluating an ecosystem service provided by Atlantic salmon, sea trout and other fish species in the River Spey, Scotland: the economic impact of recreational rod fisheries. Fisheries Research, 96(2): 259—266.

Butchart S H M, Walpole M, Collen B, et al. 2010. Global biodiversity: indicators of recent declines. Science, 328(5982): 1164—1168.

Caddy J F. 1993. Toward a comparative evaluation of human impacts on fishery ecosystems of enclosed and semi-enclosed seas. Reviews in Fisheries Science, 1(1): 57—95.

Caddy J F, Rodhouse P G. 1998. Cephalopod and groundfish landings: evidence for ecological change in global fisheries. Reviews in Fish Biology and Fisheries, 8(4): 431—444.

Caddy J F, Garibaldi L. 2000. Apparent changes in the trophic composition of world marine harvests: the perspective from the FAO capture database. Ocean and Coastal Management, 43(8): 615—655.

Caddy J F, Carocci F, Coppola S. 1998a. Have peak fishery production levels been passed in continental shelf area? some perspectives arising from historical trends in production per shelf area. Journal of Northwest Atlantic Fishery Science, 23: 191—220.

Caddy J F, Csirke J, Garcia S M, et al. 1998b. How pervasive is "fishing down marine food webs". Science, 282(5393): 1383—1383.

Caviedes C N, Fik T J. 1992. The Peru-Chile eastern Pacific fisheries and climatic oscillation. In: Climate Variability, Climate Change and Fisheries. Cambridge: Cambridge University Press, 355—375.

Chavez F P, Ryan J, Lluch-Cota S E, et al. 2003. From anchovies to sardines and back: multidecadal change in the Pacific Ocean. Science, 299(5604): 217—221.

Chassot E, Bonhommeau S, Dulvy N K, et al. 2010. Global marine primary production constrains fisheries catches. Ecology Letters, 13(4): 495—505.

Chernozhukov V, Hong H. 2003. An MCMC approach to classical estimation. Journal of Econometrics, 115(2): 293—346.

Cheung W W L, Lam V W Y, Sarmiento J L, et al. 2009. Projecting global marine biodiversity impacts under climate change scenarios. Fish and Fisheries, 10(3): 235—251.

Cheung W W L, Lam V W, Sarmiento J L, et al. 2010. Large-scale redistribution of maximum fisheries catch potential in the global ocean under climate change. Global Change Biology, 16(1): 24—35.

Cinner J, Fuentes M M P B, Randriamahazo H. 2009. Exploring social resilience in Madagascar's marine protected areas. Ecology and Society, 14(1): 41.

Cinner J E, McClanahan T R, Graham N A, et al. 2012. Vulnerability of coastal communities to key impacts of climate change on coral reef fisheries. Global Environmental Change, 22(1): 12—20.

Cinner J E, Huchery C, Darling E S, et al. 2013. Evaluating social and ecological vulnerability of coral reef fisheries to climate change. PloS One, 8(9): e74321.

Cissé A A, Blanchard F, Guyader O. 2014. Sustainability of tropical small-scale fisheries: integrated assessment in French Guiana. Marine Policy, 44: 397—405.

Clausen R, York R. 2008a. Economic growth and marine biodiversity: influence of human social structure on decline of marine trophic levels. Conservation Biology, 22(2): 458—466.

Clausen R, York R. 2008b. Global biodiversity decline of marine and freshwater fish: a cross-national analysis of economic, demographic, and ecological influences. Social Science Research, 37(4): 1310 —1320.

Cochrane K, De Young C, Soto D, et al. 2009. Climate change implications for fisheries and aquaculture: overview of current scientific knowledge. FAO Fisheries and Aquaculture Technical Paper No. 530. Rome: FAO, 1—212.

Coll M, Libralato S, Tudela S, et al. 2008. Ecosystem overfishing in the ocean. PLoS One, 3 (12): e3881.

Coll M, Libralato S, Pitcher T J, et al. 2013a. Sustainability implications of honouring the Code of Conduct for Responsible Fisheries. Global Environmental Change, 23(1): 157—166.

Coll M, Navarro J, Olson R J, et al. 2013b. Assessing the trophic position and ecological role of squids in marine ecosystems by means of food-web models. Deep Sea Research Part II: Topical Studies in Oceanography, 95: 21—36.

Conn P B, Williams E H, Shertzer K W. 2010. When can we reliably estimate the productivity of fish stocks? Canadian Journal of Fisheries and Aquatic Sciences, 67(3): 511—523.

Csirke J, Sharp G. 1984. Proceedings of the expert consultation to examine changes in abundance and species composition of neritic fish resources. FAO Fisheries Report No. 291, San José, Costa Rica, 1—102.

Currin C A, Wainright S C, Able K W, et al. 2003. Determination of food web support and trophic position of the mummichog, Fundulus heteroclitus, in New Jersey smooth cordgrass (Spartina alterniflora), common reed(Phragmites australis), and restored salt marshes. Estuaries and Coasts, 26(2): 495−510.

Cury P M, Shannon L J, Roux J P, et al. 2005. Trophodynamic indicators for an ecosystem approach to fisheries. ICES Journal of Marine Science, 3(62): 430−442.

Czech B, Krausman P R, Devers P K. 2000. Economic associations among causes of species endangerment in the United States: associations among causes of species endangerment in the United States reflect the integration of economic sectors, supporting the theory and evidence that economic growth proceeds at the competitive exclusion of nonhuman species in the aggregate. BioScience, 50(7): 593−601.

Daan N, Gislason H, Pope J G, et al. 2011. Apocalypse in world fisheries? The reports of their death are greatly exaggerated. ICES Journal of Marine Science, 68(7): 1375−1378.

Das T, Mukherjee R N, Chaudhuri K S. 2009. Harvesting of a prey-predator fishery in the presence of toxicity. Applied Mathematical Modelling, 33(5): 2282−2292.

Daskalov G M. 2001. Overfishing drives a trophic cascade in the Black Sea. Marine Ecology Progress Series, 225(1): 53−63.

de Leiva Moreno J I, Agostini V N, Caddy J F, et al. 2000. Is the pelagic-demersal ratio from fishery landings a useful proxy for nutrient availability? A preliminary data exploration for the semi-enclosed seas around Europe. ICES Journal of Marine Science, 57(4): 1091−1102.

de Mutsert K, Cowan J H, Essington T E, et al. 2008. Reanalyses of Gulf of Mexico fisheries data: landings can be misleading in assessments of fisheries and fisheries ecosystems. Proceedings of the National Academy of Sciences, 105(7): 2740−2744.

Dietz T, Rosa E A. 1994. Rethinking the environmental impacts of population, affluence and technology. Human Ecology Review, 1: 277−300.

Dinda S. 2004. Environmental Kuznets curve hypothesis: a survey. Ecological Economics, 49(4): 431−455.

Domíguez-Torreiro M, Surís-Regueiro J C. 2007. Cooperation and non-cooperation in the Ibero-atlantic sardine shared stock fishery. Fisheries Research, 83(1): 1−10.

Dunlap R E, Catton W R. 1983. What environmental sociologists have in common(whether concerned with "built" or "natural" environments). Sociological Inquiry, 53(2−3): 113−135.

Ehrhardt-Martinez K. 1998. Social determinants of deforestation in developing countries: a cross-national study. Social Forces, 77(2): 567−586.

Ehrhardt-Martinez K, Crenshaw E M, Jenkins J C. 2002. Deforestation and the environmental Kuznets curve: a cross-national investigation of intervening mechanisms. Social Science Quarterly, 83(1): 226−243.

Elton C S, Charles S. 1927. Animal ecology. London: University of Chicago Press, 1−15.

Essington T E, Beaudreau A H, Wiedenmann J. 2006. Fishing through marine food webs. Proceedings of the National Academy of Sciences of the United States of America, 103(9): 3171−3175.

FAO. 1995. Code of Conduct for Responsible Fisheries. Rome: FAO, 1−49.

FAO. 2011. Review of the state of world marine fishery resources, FAO fisheries technical paper 569. Rome: FAO, 1—334.

FAO. 2014a. The state of world fisheries and aquaculture 2014. Rome: FAO, 1—223.

FAO. 2014b. FAO yearbook: Fishery and Aquaculture Statistics 2012. Rome: FAO, 1—76.

FAO. 2016. The state of world fisheries and aquaculture 2016. Rome: FAO, 1—190.

FAOSTAT. 2016. FAO Statistical Databases. http://faostat.fao.org/.

Foley C M R. 2013. Management implications of fishing up, down, or through the marine food web. Marine Policy, 37: 176—182.

Frank K T, Petrie B, Choi J S, et al. 2005. Trophic cascades in a formerly cod-dominated ecosystem. Science, 308(5728), 1621—1623.

Freire K F, Pauly D. 2010. Fishing down Brazilian marine food webs, with emphasis on the east Brazil large marine ecosystem. Fisheries Research, 105(1): 57—62.

Froese R, Kesner-Reyes K. 2002. Impact of fishing on the abundance of marine species. ICES CM 2002/L: 12, Copenhagen, 1—15.

Froese R, Garthe S, Piatkowski U, et al. 2005. Trophic signatures of marine organisms in the Mediterranean as compared with other ecosystems. Belgian Journal of Zoology, 135(2): 139—143.

Froese R, Stern-Pirlot A, Kesner-Reyes K. 2009. Out of new stocks in 2020: a comment on "Not all fisheries will be collapsed in 2048". Marine Policy, 33(1): 180—181.

Fulton E A, Smith A D M, Punt A E. 2005. Which ecological indicators can robustly detect effects of fishing? ICES Journal of Marine Science, 62(3): 540—551.

Garcia S M, Rosenberg A A. 2010. Food security and marine capture fisheries: characteristics, trends, drivers and future perspectives. Philosophical Transactions of the Royal Society of London B: Biological Sciences, 365(1554): 2869—2880.

Gascuel D. 2005. The trophic-level based model: a theoretical approach of fishing effects on marine ecosystems. Ecological Modelling, 189(3): 315—332.

Gelcich S, Godoy N, Prado L, et al. 2008. Add-on conservation benefits of marine territorial user rights fishery policies in central Chile. Ecological Applications, 18(1): 273—281.

Godfray H C J, Crute I R, Haddad L, et al. 2010. The future of the global food system. Philosophical Transactions of the Royal Society B: Biological Sciences, 365: 2769—2777.

Gordon H S. 1953. An economic approach to the optimum utilization of fishery resources. Fisheries Research, 10: 442—447.

Gordon H S. 1954. The economics of a common property resource: the fishery. Political Economy, 62: 124—142.

Grainger R J R, Garcia S M. 1996. Chronicles of marine fishery landings(1950—1994): trend analysis and fisheries potential. FAO Fisheries Technical Paper 359, Rome: FAO, 1—51.

Greenstreet S P R, Rogers S I. 2006. Indicators of the health of the North Sea fish community: identifying reference levels for an ecosystem approach to management. ICES Journal of Marine Science, 63(4): 573 —593.

Grossman G M, Krueger A B. 1991. Environmental impacts of a North American free trade agreement.

National Bureau of Economic Research working paper No. 3914，NBER，Cambridge MA.

Grossman G M, KruegerA B. 1995. Economic growth and the environment. The Quarterly Journal of Economics，110(2)：353-377.

Hall S J, Mainprize B. 2004. Towards ecosystem-based fisheries management. Fish and Fisheries，5(1)：1-20.

Hall S J, Hilborn R, Andrew N L, et al. 2013. Innovations in capture fisheries are an imperative for nutrition security in the developing world. Proceedings of the National Academy of Sciences，110(21)：8393-8398.

Halpern B S, Walbridge S, Selkoe K A, et al. 2008. A global map of human impact on marine ecosystems. Science，319(5865)：948-952.

Halpern B S, Longo C, Hardy D, et al. 2012. An index to assess the health and benefits of the global ocean. Nature，488(7413)：615-620.

Hilborn R. 2010. Pretty good yield and exploited fishes. Marine Policy，34(1)：193-196.

Hoegh-Guldberg O, Mumby P J, Hooten A J, et al. 2007. Coral reefs under rapid climate change and ocean acidification. Science，318(5857)：1737-1742.

Hoffman J. 2004. Social and environmental influences on endangered species：a cross-national study. Sociological Perspectives，47：79-107.

Hollingworth C. 2005. Namibia's fisheries：ecological，economic and social aspects. Fish and Fisheries，6(1)：88.

Hughes S, Yau A, Max L, et al. 2012. A framework to assess national level vulnerability from the perspective of food security：the case of coral reef fisheries. Environmental Science and Policy，23：95-108.

Hutchings J A. 2000. Collapse and recovery of marine fishes. Nature，406(6798)：882-885.

Hutchings J A. 2015. Thresholds for impaired species recovery. Proceedings of the Royal Society of London B，282(1809)：20150654.

Intergovernmental Panel on Climate Change(IPCC). 2001. Climate Change 2001：Impacts, Adaptation and Vulnerability. Cambridge：Cambridge University Press，1-1032.

Intergovernmental Panel on Climate Change(IPCC). 2007. Climate Change 2007：The Physical Science Basis. Geneva：IPCC Secretariat，1-18.

Jackson J B, Kirby M X, Berger W H, et al. 2001. Historical overfishing and the recent collapse of coastal ecosystems. Science，293(5530)：629-637.

Jaureguizar A J, Milessi A C. 2008. Assessing the sources of the fishing down marine food web process in the Argentine-Uruguayan Common Fishing Zone. Scientia Marina，72(1)：25-36.

Jennings S. 2005. Indicators to support an ecosystem approach to fisheries. Fish and Fisheries，6(3)：212-232.

Jennings S, Greenstreet S, Hill L, et al. 2002. Long-term trends in the trophic structure of the North Sea fish community：evidence from stable-isotope analysis，size-spectra and community metrics. Marine Biology，141(6)：1085-1097.

Johnson J E, Welch D J. 2010. Marine fisheries management in a changing climate：a review of vulnerability and future options. Reviews in Fisheries Science, 18(1): 106—124.

Kawarazuka N, Béné C. 2011. The potential role of small fish species in improving micronutrient deficiencies in developing countries: building evidence. Public Health Nutrition, 14(11): 1927.

King M. 2007. Fisheries Biology, Assessment and Management. Oxford, UK: Black-well Press, 1—382.

Kleisner K, Zeller D, Froese R, et al. 2013. Using global catch data for inferences on the world's marine fisheries. Fish and Fisheries, 14(3): 293—311.

Kline Jr T C, Willette T M. 2002. Pacific salmon(*Oncorhynchus* spp.)early marine feeding patterns based on $^{15}N/^{14}N$ and $^{13}C/^{12}C$ in Prince William Sound, Alaska. Canadian Journal of Fisheries and Aquatic Sciences, 59(10): 1626—1638.

Kulmala S, Peltomäki H, Lindroos M, et al. 2007. Individual transferable quotas in the Baltic Sea herring fishery: a socio-bioeconomic analysis. Fisheries Research, 84(3): 368—377.

Kuparinen A, Keith D M, Hutchings J A. 2014. Allee effect and the uncertainty of population recovery. Conservation biology, 28(3): 790—798.

Libralato S, Coll M, Tudela S, et al. 2008. Novel index for quantification of ecosystem effects of fishing as removal of secondary production. Marine Ecology Progress Series, 355: 107—129.

Lindeman R L. 1942. The trophic-dynamic aspect of ecology. Ecology, 23(4): 399—417.

Litzow M A, Urban D. 2009. Fishing through(and up)Alaskan food webs. Canadian Journal of Fisheries and Aquatic Sciences, 66(2): 201—211.

Lotze H K, Lenihan H S, Bourque B J, et al. 2006. Depletion, degradation, and recovery potential of estuaries and coastal seas. Science, 312(5781): 1806—1809.

Mamauag S S, Alino P M, Martinez R J S, et al. 2013. A framework for vulnerability assessment of coastal fisheries ecosystems to climate change-Tool for understanding resilience of fisheries(VA-TURF). Fisheries Research, 147: 381—393.

McClanahan T, Allison E H, Cinner J E. 2013. Managing fisheries for human and food security. Fish and Fisheries, 16(1): 78—103.

Merino G, Barange M, Blanchard J L, et al. 2012. Can marine fisheries and aquaculture meet fish demand from a growing human population in a changing climate?. Global Environmental Change, 22(4): 795—806.

Milessi A C, Arancibia H, Neira S, et al. 2005. The mean trophic level of Uruguayan landings during the period 1990—2001. Fisheries Research, 74(1): 223—231.

Mills J H, Waite T A. 2009. Economic prosperity, biodiversity conservation, and the environmental Kuznets curve. Ecological Economics, 68(7): 2087—2095.

Moellmann C, Diekmann R, Muller-Karulis B, et al. 2009. Reorganization of a large marine ecosystem due to atmospheric and anthropogenic pressure: a discontinuous regime shift in the Central Baltic Sea. Global Change Biology, 15(6): 1377—1393.

Monnereau I, Mahon R, McConney P, et al. 2015. Vulnerability of the fisheries sector to climate change impacts in Small Island Developing States and the Wider Caribbean. Centre for Resource Management and Environmental Studies, The University of the West Indies, Cave Hill Campus, Barbados. CERMES

Technical Report No 77. 1—81.

Mora C, Myers R A, Coll M, et al. 2009. Management effectiveness of the world's marine fisheries. PLoS Biol, 7(6): e1000131.

Mora C, Frazier A G, Longman R J, et al. 2013. The projected timing of climate departure from recent variability. Nature, 502(7470): 183—187.

Morato T, Watson R, Pitcher T J, et al. 2006. Fishing down the deep. Fish and Fisheries, 7(1): 24—34.

Munday P L, Jones G P, Pratchett M S, et al. Climate change and the future for coral reef fishes. Fish and Fisheries, 9(3): 261—285.

Murawski S A, Serchuk F M. 1989. Mechanized shellfish harvesting and its management: the offshore clam fishery of the eastern United States. In Caddy J F (eds), Marine invertebrate fisheries: their assessment and management. New York: John Wiley and Sons press, 479—506.

Myers R A, Worm B. 2003. Rapid worldwide depletion of predatory fish communities. Nature, 423(6937): 280—283.

Naidoo R, Adamowicz W L. 2001. Effects of economic prosperity on numbers of threatened species. Conservation Biology, 15(4): 1021—1029.

Odum W E, Heald E J. 1975. The Detritus-based Food Web of an Estuarine Mangrove Community, In: Estuarine Research, Vol. 1, Chemistry, Biology and the Estuarine System. New York: Academic Press, 265—286.

Pauly D, Christensen V. 1995. Primary production required to sustain global fisheries. Nature, 374(6519): 255—257.

Pauly D, Christensen V, Dalsgaard J, et al. 1998. Fishing down marine food webs. Science, 279(5352): 860—863.

Pauly D, Christensen V, Walters C. 2000. Ecopath, Ecosim, and Ecospace as tools for evaluating ecosystem impact of fisheries. ICES Journal of Marine Science, 57(3): 697—706.

Pauly D, Palomares M L, Froese R, et al. 2001. Fishing down Canadian aquatic food webs. Canadian Journal of Fisheries and Aquatic Sciences, 58(1): 51—62.

Pauly D, Christensen V, Guénette S, et al. 2002. Towards sustainability in world fisheries. Nature, 418(6898): 689—695.

Pauly D, Alder J, Bennett E, et al. 2003. The future for fisheries. Science, 302(5649): 1359—1361.

Pauly D, Chuenpagdee R. 2003. Development of fisheries in the Gulf of Thailand large marine ecosystem: analysis of an unplanned experiment. In large marine ecosystems of the world: change and sustainability. Amsterdam: Elsevier Science, 337—354.

Pauly D, Palomares M L. 2005. Fishing down marine food web: it is far more pervasive than we thought. Bulletin of Marine Science, 76(2): 197—211.

Pauly D, Watson R. 2005. Background and interpretation of the 'Marine Trophic Index' as a measure of biodiversity. Philosophical Transactions of the Royal Society B: Biological Sciences, 360(1454): 415—423.

Pauly D, Watson R, Alder J. 2005. Global trends in world fisheries: impacts on marine ecosystems and food security. Philosophical Transactions of the Royal Society B: Biological Sciences, 360(1453): 5—12.

Pauly D, Alder J, Booth S, et al. 2008. Fisheries in large marine ecosystems: descriptions and diagnoses. In: The UNEP Large Marine Ecosystem Report: A Perspective on Changing Conditions in LMEs of the World's Regional Seas. UNEP Regional Seas Reports and Studies(eds K. Sherman and G. Hempel). UNEP, Nairobi, Kenya, 23—40.

Pauly D. 2008. Global fisheries: a brief review. Journal of Biological Research-Thessaloniki, 9: 3—9.

Pauly D, Zeller D. 2015. Sea Around Us Concepts, Design and Data(www. seaaroundus. org).

Pecl G T, Jackson G D. 2008. The potential impacts of climate change on inshore squid: biology, ecology and fisheries. Reviews in Fish Biology and Fisheries, 18(4): 373—385.

Pelletier N, Andre J, Charef A, et al. 2014. Energy prices and seafood security. Global Environmental Change, 24: 30—41.

Pennino M G, Conesa D, López-Quílez A. 2011. Trophic indicators to measure the impact of fishing on an exploited ecosystem. Animal Biodiversity and Conservation, 34(1): 123—131.

Pezzey J C V, Roberts C M, Urdal B T. 2000. A simple bioeconomic model of a marine reserve. Ecological Economics, 33(1): 77—91.

Pierce S M, Cowling R M, Knight A T, et al. 2005. Systematic conservation planning products for land-use planning: interpretation for implementation. Biological Conservation, 125(4): 441—458.

Pikitch E K, Santora C, Babcock E A, et al. 2004. Ecosystem-based fishery management. Science, 305 (5682): 346—347.

Pinnegar J K, Jennings S, O'brien C M, et al. 2002. Long-term changes in the trophic level of the Celtic Sea fish community and fish market price distribution. Journal of Applied Ecology, 39(3): 377—390.

Pinnegar J K, Hutton T P, Placenti V. 2006. What relative seafood prices can tell us about the status of stocks. Fish and Fisheries, 7(3): 219—226.

Pinsky M L, Jensen O P, Ricard D, et al. 2011. Unexpected patterns of fisheries collapse in the world's oceans. Proceedings of the National Academy of Sciences, 108(20): 8317—8322.

Pitcher T J, Kalikoski D, Pramod G, et al. 2009a. Not honouring the code. Nature, 457(7230): 658 —659.

Pitcher T J, Kalikoski D, Short K, et al. 2009b. An evaluation of progress in implementing ecosystem-based management of fisheries in 33 countries. Marine Policy, 33(2): 223—232.

Pitcher T J, Cheung W W. 2013. Fisheries: Hope or despair? Marine Pollution Bulletin, 74(2): 506 —516.

Powers J E, Monk M H. 2010. Current and future use of indicators for ecosystem based fisheries management. Marine Policy, 34(3): 723—727.

Pörtner H O, Knust R. 2007. Climate change affects marine fishes through the oxygen limitation of thermal tolerance. Science, 315(5808): 95—97.

Rice J C, Garcia S M. 2011. Fisheries, food security, climate change, and biodiversity: characteristics of the sector and perspectives on emerging issues. ICES Journal of Marine Science, 68(6): 1343—1353.

Roberts C M, Hawkins J P, Gell F R. 2005. The role of marine reserves in achieving sustainable fisheries. Philosophical Transactions of the Royal Society B: Biological Sciences. 360(1453): 123—132.

Rochet M J, Trenkel V M. 2003. Which community indicators can measure the impact of fishing? A review and proposals. Canadian Journal of Fisheries and Aquatic Sciences, 60(1): 86—99.

Ruckelshaus M, Doney S C, Galindo H M, et al. 2013. Securing ocean benefits for society in the face of climate change. Marine Policy, 40: 154—159.

Sanchirico J N, Wilen J E. 2007. Global marine fisheries resources: status and prospects. International Journal of Global Environmental Issues, 7(2—3): 106—118.

Scheffer M, Carpenter S, Young B. 2005. Cascading effects of overfishing marine systems. Trends in Ecology and Evolution, 20(11): 579—581.

Schwartzlose R A, Alheit J, Bakun A, et al. 1999. Worldwide large-scale fluctuations of sardine and anchovy populations. South African Journal of Marine Science, 21(1): 289—347.

Seijo J C, Defeo O, Salas S. 1998. Fisheries Bioeconomics: theory, modelling and management. FAO Fisheries Technical Paper. No. 368. Rome: FAO, 1—108.

Sethi S A, Branch T A, Watson R. 2010. Global fishery development patterns are driven by profit but not trophic level. Proceedings of the National Academy of Sciences, 107(27): 12163—12167.

Seung C K, Waters E C. 2009. Measuring the economic linkage of Alaska fisheries: a supply-driven social accounting matrix(SDSAM)approach. Fisheries Research, 97(1): 17—23.

Shannon L J, Coll M, Neira S. 2009. Exploring the dynamics of ecological indicators using food web models fitted to time series of abundance and catch data. Ecological Indicators, 9(6): 1078—1095.

Shin Y J, Shannon L J. 2010a. Using indicators for evaluating, comparing, and communicating the ecological status of exploited marine ecosystems. 1. The IndiSeas project. ICES Journal of Marine Science, 67(4): 686—691.

Shin Y J, Shannon L J, Bundy A, et al. 2010b. Using indicators for evaluating, comparing, and communicating the ecological status of exploited marine ecosystems. 2. Setting the scene. ICES Journal of Marine Science, 67(4): 692—716.

Smith M D, Roheim C A, Crowder L B, et al. 2010. Sustainability and global seafood. Science, 327 (5967): 784—786.

Srinivasan U T, Carey S P, Hallstein E, et al. 2008. The debt of nations and the distribution of ecological impacts from human activities. Proceedings of the National Academy of Sciences, 105(5): 1768—1773.

Srinivasan U T, Cheung W W L, Watson R, et al. 2010. Food security implications of global marine catch losses due to overfishing. Journal of Bioeconomics, 12(3): 183—200.

Srinivasan U T, Watson R, Sumaila U R. 2012. Global fisheries losses at the exclusive economic zone level, 1950 to present. Marine Policy, 36: 544—549.

Stergiou K I, Tsikliras A C. 2011. Fishing down, fishing through and fishing up: fundamental process versus technical details. Marine Ecology Progress Series, 441(1): 295—301.

Sumaila U R. 1998. Markets and the fishing down marine food webs phenomenon. EC Fisheries Cooperation Bulletin, 11(2): 25—28.

Sumaila U R, Cheung W W, Lam V W, et al. 2011. Climate change impacts on the biophysics and economics of world fisheries. Nature Climate Change, 1(9): 449—456.

Sumaila U R, Cheung W, Dyck A, et al. 2012. Benefits of rebuilding global marine fisheries outweigh costs. PloS One, 7(7): e40542.

Sun C H, Chiang F S, Tsoa E, et al. 2006. The effects of El Niño on the mackerel purse-seine fishery harvests in Taiwan: an analysis integrating the barometric readings and sea surface temperature. Ecological Economics, 56(2): 268−279.

Swartz W, Sala E, Tracey S, et al. 2010. The spatial expansion and ecological footprint of fisheries(1950 to present). PloS One, 5(12): e15143.

Tacon A G J, Metian M, Turchini G M, et al. 2010. Responsible aquaculture and trophic level implications to global fish supply. Reviews in Fisheries Science, 18(1): 94−105.

Tesfamichael D, Pitcher T J. 2006. Multidisciplinary evaluation of the sustainability of Red Sea fisheries using Rapfish. Fisheries Research, 78(2): 227−235.

Teh L C L, Sumaila U R. 2013. Contribution of marine fisheries to worldwide employment. Fish and Fisheries, 14(1): 77−88.

The World Bank and FAO. 2009. The Sunken Billions. Washington DC: The World Bank, 1−84.

Toggweiler J R, Russell J. 2008. Ocean circulation in a warming climate. Nature, 451(7176): 286−288.

Tsikliras A C, Tsiros V-Z, Stergiou K I. 2013. Assessing the state of Greek marine fisheries resources. Fisheries Management and Ecology, 20(1): 34−41.

Tsikliras A C, Dinouli A, Tsiros V Z, et al. 2015. The Mediterranean and Black Sea fisheries at risk from overexploitation. PloS One, 10(3): e0121188.

Ulrich C, Le Gallic B, Dunn M R, et al. 2002. A multi-species multi-fleet bioeconomic simulation model for the English Channel artisanal fisheries. Fisheries Research, 58(3): 379−401.

Utne I B. 2007. System evaluation of sustainability in the Norwegian cod-fisheries. Marine Policy, 31: 390 −401.

US Commission on Ocean Policy. 2004. An ocean blueprint for the 21st century. Final report. Washington, DC. 1−522.

Valtysson H P, Pauly D. 2003. Fishing down the food web: an Icelandic case study. In: Guðmundsson E and Valtysson H P(eds)Competitiveness within the global fisheries. Proceedings of a Conference held in Akureyri, Iceland, on April 6−7th 2000. University of Akureyri, Akureyri, Iceland. 12−24.

Vaughan D S, Shertzer K W, Smith J W. 2007. Gulf menhaden(Brevoortia patronus)in the U. S. Gulf of Mexico: Fishery characteristics and biological reference points for management. Fisheries Research, 83 (2): 263−275.

Walpole M, Almond R E A, Besançon C, et al. 2009. Tracking progress toward the 2010 biodiversity target and beyond. Science, 325(5947): 1503−1504.

Watson R, Kitchingman A, Gelchu A, et al. 2004. Mapping global fisheries: sharpening our focus. Fish and Fisheries, 5(2): 168−177.

Watson R A, Pauly D. 2013. The changing face of global fisheries-The 1950s vs. the 2000s. Marine Policy, 42: 1−4.

Watson R A, Cheung W W L, Anticamara J A, et al. 2013. Global marine yield halved as fishing intensity redoubles. Fish and Fisheries, 14(4): 493−503.

Winberg G G. 1971. Methods for the Estimation of Production in Aquatic Animals. London: Academic

Press, 1—175.

Wooldridge J M. 2010. Econometric Analysis of Cross Section and Panel Data. London: The MIT press, 1—735.

Worm B, Barbier E B, Beaumont N, et al. 2006. Impacts of biodiversity loss on ocean ecosystem services. Science, 314(5800): 787—790.

Worm B, Hilborn R, Baum J K, et al. 2009. Rebuilding global fisheries. Science, 325(5940): 578—585.

Ye Y, Cochrane K, Bianchi G, et al. 2013. Rebuilding global fisheries: the World Summit Goal, costs and benefits. Fish and Fisheries, 14(2): 174—185.

Zeller D, Booth S, Mohammed E, et al. 2003. From Mexico to Brazil: Central Atlantic fisheries catch trends and ecosystem models. Vancouver: Fisheries Centre Research Reports, 1—264.

Zeller D, Booth S, Pauly D. 2006. Fisheries contributions to the gross domestic product: underestimating small-scale fisheries in the Pacific. Marine Resource Economics, 21(4): 355—374.